乡村振兴背景下的农村发展与人力资源开发研究

郑光豹◎著

吉林人民出版社

图书在版编目（CIP）数据

乡村振兴背景下的农村发展与人力资源开发研究／郑光豹著. -- 长春：吉林人民出版社，2022.9
ISBN 978-7-206-19520-4

Ⅰ.①乡… Ⅱ.①郑… Ⅲ.①农村—人力资源开发—研究—中国 Ⅳ.①F323.6

中国版本图书馆CIP数据核字（2022）第201362号

责任编辑：刘　学
封面设计：清　风

乡村振兴背景下的农村发展与人力资源开发研究
XIANGCUN ZHENXING BEIJING XIA DE NONGCUN FAZHAN YU RENLI ZIYUAN KAIFA YANJIU

著　　者：	郑光豹
出版发行：	吉林人民出版社（长春市人民大街7548号　邮政编码：130022）
咨询电话：	0431-85378088
印　　刷：	长春市昌信电脑图文制作有限公司
开　　本：	787mm×1092mm　1/16
印　　张：	11　　　　　　　字　数：180千字
标准书号：	ISBN 978-7-206-19520-4
版　　次：	2022年9月第1版　　印　次：2023年1月第1次印刷
定　　价：	48.00元

如发现印装质量问题，影响阅读，请与印刷厂联系调换。

前　言

改革开放40多年来，中国经济迅速发展，人民群众的物质生活水平得到极大提升，精神需求也不断得到满足，但在这个过程中，城乡差距进一步扩大成为不可忽略的事实。要想全面实现社会主义现代化，就必须充分关注乡村地区，解决"三农"问题，乡村振兴战略就是在这样的背景下提出的。实施乡村振兴战略不仅是促进城乡平衡发展、农村充分发展的重要途径，而且是助推农业现代化的必由之路，其战略成果直接关系着广大农民群众的生活质量。

在经历了高速增长阶段后，我国经济开始进入高质量发展阶段，农村发展在新阶段也呈现出了新问题。在新的时代背景下，亟须探索出一条中国特色社会主义乡村振兴道路，从而为农村发展注入活力。人才振兴是乡村振兴的基础，乡村振兴的实现离不开相关部门对人力资源的合理分配及开发。当前的乡村振兴正面临着人力资源困境，如新型农业经营主体扶持与培育机制不完善、回流农民工返乡就业创业环境不完善、农村基层组织队伍自身建设不完善等，基于此，必须优化人力资源结构，强化人才的管理和培养，切实增强乡村振兴的人才力量。总而言之，乡村振兴战略的提出为农村提供了新的发展机遇，全面化的农村改革已经在中国实施起来，在坚实的人才力量的支撑下，中国的农业将越来越强，农村将越来越美，农民将越来越富足。

当前，农村发展问题受到社会各界的广泛关注，一些学者也立足乡村振兴的大背景，结合自身理论基础与实践经验对农村建设与发展的相关问题展开研究，并产生了一系列研究著作，《乡村振兴背景下的农村发展与人力资源开发研究》就是其中之一。本书在介绍乡村振兴战略内涵、思路、任务、意义等的基础上，分上下两篇对主要内容进行了探讨。上篇围绕农村治理现代化、农业转型升级、乡村旅游发展、农村文化建设，分析了乡村振兴背景下的农村发展，具体包括乡村治理的发展历程与现代化展望，智慧农业与绿色农业的发展，乡村旅游的资源开发、设施建设及其与生态环境的和谐相处，农村文化建设的意义、面临的挑战以及优化路径等；下篇从农村人力资源开发的基本内容入手，关注乡村振兴背景下的新型职业农民、"三农"工作队伍、农村科技人才、农村创业人才，分析了新型职业农民的培育机制与途径以及其他人力资源开发的具体方式等。

本书能够帮助读者了解乡村振兴背景下农村发展的各种路径，同时明确农村人力资源开发的重点所在。另外，本书在撰写过程中得到了众多学者的支持和鼓励，同时参考和借鉴了有关专家、教研人员的研究成果，在此对其表示诚挚的感谢！由于时间紧促，加之作者对农村发展与人力资源开发的研究深度有限，书中难免存在疏漏和不足之处，诚望广大读者批评指正。

目 录

绪 论 乡村振兴战略概述 ……………………………………… 001
第一节 乡村振兴战略的内涵与理论基础 …………………… 001
第二节 乡村振兴战略的总体思路与任务体系 ……………… 008
第三节 乡村振兴战略实施的重要意义 ……………………… 017
第四节 国外乡村振兴的经验启示 …………………………… 019

上篇 乡村振兴背景下的农村发展研究

第一章 中国农村治理现代化的演变历程 …………………… 030
第一节 中国古代乡村治理的发展历程 ……………………… 030
第二节 乡村治理现代化展望 ………………………………… 034

第二章 中国农业的转型升级 …………………………………… 039
第一节 中国现代农业的发展 ………………………………… 039
第二节 中国智慧农业环境构建与经营管理 ………………… 044
第三节 中国绿色农业的经济战略 …………………………… 058

第三章 乡村振兴背景下的乡村旅游发展 …………………… 068
第一节 乡村振兴背景下的乡村旅游资源开发与设施建设 … 068
第二节 乡村振兴背景下乡村旅游发展的保障要素 ………… 074
第三节 乡村旅游发展与生态环境保护的思考 ……………… 079

第四章 乡村振兴背景下的农村文化建设 …………………… 085
第一节 中国农村文化建设的主要成就与问题 ……………… 085
第二节 农村文化建设的意义及其面临的挑战 ……………… 091

第三节　农村文化建设的路径探索 …………………………… 094

下篇　乡村振兴背景下的人力资源开发研究

第五章　农村人力资源开发基本内容 ………………………… 102
　　第一节　人力资源开发的相关概念与理论支撑 ………………… 102
　　第二节　农村人力资源开发的内涵解读 ………………………… 110
　　第三节　农村人力资源开发的目标分析 ………………………… 112
　　第四节　农村人力资源开发的未来趋势与挑战 ………………… 116

第六章　乡村振兴背景下的人力资源开发——新型职业农民 ………… 118
　　第一节　新型职业农民的概念、特征及素养要求 ……………… 118
　　第二节　乡村振兴战略的实现依赖于新型职业农民 …………… 128
　　第三节　新型职业农民的培育机制与具体途径 ………………… 133

第七章　乡村振兴背景下的其他人力资源开发 ……………… 143
　　第一节　"三农"工作队伍建设 ………………………………… 143
　　第二节　农村科技人才开发 ……………………………………… 151
　　第三节　农村创业人才开发 ……………………………………… 158

参考文献 …………………………………………………………… 162

绪 论 乡村振兴战略概述

在实现中华民族伟大复兴的征程中，最艰巨最繁重的任务在农村，最广泛最深厚的基础在农村，最大的潜力和后劲也在农村。乡村振兴战略是党的十九大提出的一项重大战略，是新时代"三农"工作的总抓手。乡村振兴，包括产业振兴、生态振兴、组织振兴、文化振兴和人才振兴等诸多方面，实施乡村振兴战略的总基调是在农村各个领域全面深化改革，通过深化改革，促进乡村振兴战略的实施，必将极大地改善农村状况。

第一节 乡村振兴战略的内涵与理论基础

一、乡村振兴战略的内涵

"产业兴旺、生态宜居、乡风文明、治理有效、生活富裕"，相互联系地涵盖了农业农村现代化的所有主导面。相比"生产发展、生活宽裕、乡风文明、村容整洁、管理民主"的新农村建设，乡村振兴战略有着更深刻的实践性、更科学的逻辑关系。

乡村振兴战略中，产业兴旺是乡村振兴的物质基础，与新农村建设的"生产发展"相比较，产业兴旺的要求更高，是乡村振兴的基本动力。产业兴旺不仅要求涉农"生产发展"，还建设性地把农村农业经济发展的重点归纳为"产业"。从经济学的基本原理分析，"生产发展"是一个基础性较广泛的概念，既可以是微观农民个体的生产，也可以是村集体的较宏观的生产；而产业兴旺则创造性地把农村经济的发展问题纳入产业范畴。一方面，可以更加有针对性地利用产业经济学的发展理论指导农村经济。另一方面，强调农村经济发展的产业化，有利于农村经济发展的现代化。以产业兴旺为方针的农村经济发展问题，对于深化农业供给侧结构性改革的主线，构建第一、第二、第三产业融合的现代农业产业体系、生产体系、经营体系具有重要的支撑作用，也有利于推进农业由增产导向转为提质导向，有利于实现农业大国向农业强国的转变。

生态宜居是乡村振兴的环境基础。乡村的生态宜居是中国生态宜居的基础。实现生态宜居，关键是加强乡村环境保护意识，强化环境治理措施，降低资源消耗，提高资源要素效率，构建节约资源和保护环境的生产方式和生活方式，构建人与自然和谐相处的现代化新乡村。

乡风文明是乡村振兴的精神基础。乡村振兴是乡村经济、社会、环境、文化等多方面的协调发展，是乡村的全面进步。这自然离不开精神文明的沐浴。要全面推动乡村文化事业、教育事业等的发展，移风易俗，弘扬乡村的优良传统，使农民群众的综合素质进一步提升。

治理有效是乡村振兴的制度基础。乡村治理是国家治理的基层基础，乡村治理水平是国家治理能力的直接体现，与农民切身利益息息相关。实现乡村有效治理，需要健全自治、法治、德治相结合的乡村治理体系。乡村治理体系构建的根本是乡村人力资本水平的提升，只有不断提升人力资本水平，才可以做到自治、法治与德治紧密结合，让乡村治理能力更加高效、法治建设在乡村落地生根、道德建设真正融入村民日常生活，使乡村振兴更有保障，乡村生活更加和谐安定。

生活富裕是乡村振兴的最终目标。"生活富裕"意味着不仅要让农民完全脱贫，还要让农民有更好更高的消费力，让农民的生活变得更美好。总之，乡村振兴的内涵就是，以"产业兴旺"为重点，最终实现农民"生活富裕"。这需要在农业和农村两个层面建立现代化的产业体系、生产体系和经营体系。

二、乡村振兴战略的理论基础

（一）创新发展理论

1. 改造传统农业理论

改造传统农业理论是由美国经济学家舒尔茨提出的。其核心思想是通过引入现代生产要素，加大人力资本投资以及为引入现代生产要素创造有利条件等手段，改造传统农业，提升农业生产效率和发展质量，进而推动经济进步。这是优先乡村农业发展的理论基础，有助于为新时代下的乡村建设提供理论支撑。

新时代下乡村建设的重中之重是优先发展农业，这是党的十九大提出的实施乡村振兴战略的目标和关键所在。优先发展农业的最终本质是实现农业现代化，而实现农业现代化就需要对乡村传统农业进行升级改造，以提升农业产业发展质量和效益，实现适度规模经济，进而助推乡村经济振兴。特别是在"五大发展理念"指导下，乡村农业产业发展迎来新的结构性变革，要持续加大对传统农业领域的现代生产要素的投入，改变乡村农业发展方式和管理模式，尤其是加强互联网技术、农业生产技术、农村人力资本、现代农业生产经营管理理念等新的要素投入，实现乡村农业生产技术创新、管理模式创新、经营理念创新，有力促进乡村传统农业产业优化升级，实现乡村农业产业化和现代化，进而深入推进乡村建设。因而，改造传统农业理论是新时代下优先发展乡村农业，推进乡村建设的理论基础。

2. 产业融合理论

农村产业融合是产业融合在农业领域的特定概念。农村三产融合是新型经营主体经利益驱动，以农业为基础，通过产业集聚、要素流动、技术渗透、体制创新等方式，优化资源配置，使农村一二三产业紧密联结、协同发展，并最终实现农业横向、纵向双向发展和农民增收。农村产业融合的模式总体可分为四类，包括农业内部整合型、农业产业链延伸型、农业与其他产业交叉型和先进要素渗透型。

（二）绿色发展理论

1. 可持续发展理论

可持续发展理论是指既满足当代人的需要，又不对后代人满足其需要的能力构成危害的发展，以公平性、持续性、共同性为三大基本原则，最终达到共同、协调、公平、高效、多维的发展。

乡村振兴战略的目标之一在于建设生态宜居的美丽乡村。"生态宜居"从字面来看就是"生态+宜居"，意味着构建资源节约和环境友好的

"两型"乡村。"生态"就是要保护乡村生态环境，在不危害乡村生态环境以及在乡村生态环境承载力范围内发展乡村经济。"宜居"就是要进行乡村综合治理，改变村庄村容村貌，对乡村生活环境进行有效治理，为乡村居民提供舒适的生活环境。无论是"生态型乡村"建设还是"宜居型乡村"建设，都需要以实现乡村绿色发展为前提。只有坚持绿色发展理念，才能实现乡村社会、生态、经济的可持续发展。因此，可持续发展理论是实现乡村绿色发展的必然选择。

2. 两山理论

"两山理论"是关于经济发展和生态环境保护的形象化表述，具体表述为：如果生态环境优势转化为生态农业、生态工业、生态旅游等生态经济的优势，那么绿水青山也就变成了金山银山。它既阐明了经济与生态的辩证统一关系，也体现了可持续、可循环的科学发展观，经济发展与生态保护二者不可分割，构成有机整体。这既是坚决拒绝"只要金银，青山不再"的片面的经济发展观，也是践行"既有金银，青山常在"的辩证的科学发展观，还是努力追求"绿水青山就是金山银山"的双赢的生态发展观。

由于历史传统、现实形势、发展水平、资源禀赋等不同，我国乡村既呈现东中西部发展基础的地区差异，也表现出乡村资源禀赋的内部性差异，而乡村基础设施建设和基本公共服务供给滞后、布局不均衡、发展不充分等问题尚未真正解决。在此背景下，"两山理论"为解决乡村经济发展与环境营造、文化建设之间不均衡不充分问题提供了价值导向。"两山理论"既强调保护自然生态，尊崇生态规律，又关注在自然资源承载力有限条件下探索创新融合的发展之路。"绿水青山"为人民群众提供了优质的生态环境和生态产品，"金山银山"带来财富或财产的充裕，两者只有有机结合才能从根本上为人民带来民生福祉。统筹经济价值和环境价值，让人们既看得见山、望得见水，又能提高收入水平、享受优质的环境带来的审美享受，真正实现生态惠民、人民富有、环境美丽。

（三）开放发展理论

1. 开放经济理论

开放经济理论是马克思主义政治经济学的重要组成部分。开放经济就是指参与国际经济活动的经济。1945年，中共七大报告提出了对外资的吸引和利用是建设社会主义的积极措施。此后，我国将马克思主义开放经济理论与经济社会发展相结合，不断进行中国化创新发展。在我国发展过程中，对外开放发展战略不断巩固，进出口贸易实现平衡，对外开放打开新局面。

四十多年的实践经验表明，坚持开放发展是中国经济取得高速增长的关键一步。从一开始的"四个特区"战略发展到近几年的中国自由贸易区和自由港，从依靠税收等大规模优惠政策进行招商引资到实现大部分制造业开放发展，从加入WTO和关税降低甚至取消等到逐步推动投资贸易便利化、推动"放管服"等改革，我国开放型经济发展程度不断走向深入，开放领域不断得到拓展，开放范围和广度也前所未有。在开放型经济高速发展的推动下，我国作为全球第二大经济体和数一数二的贸易投资大国，未来经济实现高质量发展一定会在更加开放的条件下进行。中国全面提升对外开放水平，将为世界各国通过扩大对华贸易投资合作、分享中国发展红利创造更多机遇。

2. "一带一路"倡议

"一带一路"是指丝绸之路经济带和21世纪海上丝绸之路。"一带一路"既符合现代经济发展内在通过对外开放进行资源市场配置和比较优势提升的要求，又为构建人类命运共同体提供了现实途径，已经成为新时代我国对外开放政策的核心内容。

农业交流和农产品贸易自古以来就是丝绸之路的主要合作内容。新时期，农业发展仍然是"一带一路"沿线国家国民经济发展的重要基础。我国作为"一带一路"倡议的发起国，既从自身的发展考虑，也积极促进世界各国共同发展。"一带一路"倡议提出以来，我国与沿线国家开展了全方位、多层次农业合作，推动建设"一带一路"将为中国对外农业合作提供难得的历史机遇，"走出去"与"引进来"将进一步为扩大农业农村开放发展奠定良好基础。

（四）共享发展理论

1. 共享经济理论

共享是乡村发展的根本目的。共享理念实质就是坚持以人民为中心的发展思想。实施乡村振兴战略，就是让广大农民分享振兴和发展成果的重要体现。共享发展不是平均主义，也不是"吃大锅饭"，而是更加科学、更有效率的差异化共享。站在新的历史背景下，如何实现农村的共享发展？如何让农民共享发展成果？"共建共治共享"社会治理理论为推动乡村治理良性互动、发展成果共享提供了新思路。农村共享经济发展潜力巨大，"共享经济+互联网+农业发展"体系可以消除乡村与城市的固有界限，以互联网技术为支撑的共享农业，可以打通乡村供应端和城市需求端，创造出融合农业、旅游、文化的新业态，创新共享农庄、共享物流等产业模式，吸引更多人才、技术、资金入驻乡村，乡村也可以对接城市资源，疏通城乡要素流通渠道，更好地实现城乡共同繁荣，对促进城乡融合发展，实现乡村振兴具有重要意义。共享经济理念浸入乡村振兴战略，让农民切实感受到时代发展的进步和生活的便利，让更多人投身乡村建设，以共享经济理念为核心的新业态、新模式持续涌现并保持高速增长，成为新时代中国农村经济转型发展的新动能，为实施乡村振兴战略提供理论支撑。

2. 合作经济理论

合作经济是社会经济发展到一定阶段，劳动者自愿入股联合，实行民主管理，获得服务和利益的一种合作成员个人所有与合作成员共同所有相结合的经济形式。自愿、民主、互利和惠顾者与所有者相统一的合作经济，是其在不同的社会经济制度中所具有的共性，合作社则是这种合作经济关系的一种典型组织形式。国内外关于合作经济的理论均为当前乡村振兴背景下新型农村合作社经济组织的发展提供了理论支撑和有益探索。

农业是合作经济最活跃也最重要的一个领域。当前，我国农业发展面临着转型升级和供给侧结构性改革的新形势、新任务，合作经济在这一大背景下，通过提高农民的组织化程度，发展农业适度规模经营，将大有可为，充分发挥省市县乡四级农合联组织体系的作用，不断将生产、供销、信用"三位一体"改革推向深入，促进农民合作经济组织进一步发展壮大，引领合作经济发展进入新时代。

(五)协调发展理论

1. 系统理论

系统是由相互影响、相互作用的要素,按照一定结构组成的具有特定功能的有机整体。

按照系统理论,城乡融合系统包含地域、市域、县域"三域"层次,通过城乡基础网相联通、相融合。地域包括城市群区域、城市连绵区和市化新区,呈现以都市区为主的城乡地域格局;市域包括特大城市、超大城市、大城市和中等城市、小城市,呈现以建成区为中心、城乡平等的区域格局;县域包括县域及其中心镇、农村社区,呈现以大乡村为特征、城乡一体的地区格局。城乡是一个有机体,城乡融合体是由城镇地域系统和乡村地域系统相互交叉、渗透、融合而成的城乡交错系统,由中小城市、小城镇、城郊社区及乡村空间等构成。

村镇是乡村综合体要素集聚、空间组织的重要载体,村镇建设格局是乡村地域系统空间重构、组织重建、产业重塑的形态表征,其核心是优化乡村地区县城、重点镇、中心镇、中心村(社区)的空间布局、等级关系及其治理体系,通常以迁村并居、撤乡设镇、园区建设、空间集聚为特征,通过明确村镇地位、调整空间结构、强化中心功能,实现城镇与村庄的空间融合、功能契合,促进人居空间整洁化、田园化,产业空间集约化、园区化,生态空间文明化、优美化,文化空间地域化、多样化。

2. 点轴理论

点轴开发模式是增长极理论的延伸,从区域经济发展的过程来看,经济中心总是首先集中在少数条件较好的区位,呈斑点状分布。这种经济中心既是区域增长极,也是点轴开发模式的点。随着经济的发展,经济中心逐渐增加,点与点之间,由于生产要素交换需要交通线路以及动力供应线、水源供应线等,相互连接起来就是轴线。这种轴线首先是为区域增长极服务的,但轴线一经形成,对人口、产业也具有吸引力,吸引人口、产业向轴线两侧集聚,并产生新的增长点。点轴贯通,就形成点轴系统。因此,点轴开发可以理解为从发达区域大大小小的经济中心(点)沿交通线路向不发达区域纵深地发展推移。

城乡融合发展的关键在于在强化城乡地域系统化作用的基础上，提升扩散效应，形成城乡命运共同体，构建城乡发展的立体空间和网格体系结构，乡村振兴战略就基于城乡融合发展和三产业融合。城乡融合是乡村振兴的目标和途径，乡村综合体是乡村振兴的基础，村镇有机体是乡村振兴的载体。乡村振兴战略，要逐步实现产业振兴、乡村文明、文化振兴等目标，从边缘到中心由城乡基础网、乡村发展区、村镇空间场、乡村振兴极等构成"网—区—场—极"的多级目标体系。

第二节　乡村振兴战略的总体思路与任务体系

一、乡村振兴战略的总体思路

（一）以产业振兴为支撑，加快形成乡村现代产业发展新格局

1. 着力提升产业质量

深入推进农业供给侧结构性改革，推动农业由增产导向转向提质导向。第一，支持先进技术、机械设备在农村推广运用，从而有效提升农业供给质量；第二，通过分片区调整产业结构推进产业转型升级，大力推行绿色农业、循环农业、生态农业；第三，发挥特色、主导产业辐射作用，推动农业发展质量效益的全面提升。积极培育花卉果蔬、水产养殖等特色产业，逐步发展一批优质高效、附加值高的主导产业，促使优势产业带动周边产业提速发展，加快初始产品向高附加值产品延伸。

2. 稳步扩大产业规模

一是把适度规模经营作为推动产业振兴的重要方式。通过发展多种形式适度规模经营来补齐产业短板，发挥农民合作社的纽带作用，支持家庭农场领办合作社，促进小农户和现代农业发展有机衔接；二是把做大做强龙头企业作为推动产业振兴的重要载体。努力发展一批科技含量高、品牌竞争力强的产业化龙头企业，创建一批集聚效应强、辐射层次广的现代农业示范园、返乡创业园以及集循环农业、创意农业、农事体验于一体的田园综合体。

3. 不断优化产业模式

探索和完善"合作社（公司）+农户+基地"模式，切实改善农民"单兵作战"的形式，通过建立紧密的利益联结机制，引领广大农民加入合作社"抱团"致富。由农民连同土地入股合作社，其中土地享受入股收入，入股农民享受工资收入，合作社统一提供技术指导、耕种管理、包装营销，形成产业化集中种养的规模效应，并能有效解决原料供应、销售渠道等问题，增强农民抵御市场风险的能力，实现农民可持续性致富增收。在此基础上，进一步拓展"支部+合作社+基地+农户""合作社+种植大户+集体+农户"等多种发展模式，整合各方资源优势，最大限度实现经济效益和社会效益的共赢。

4. 加速促进产业融合

推进乡村产业振兴，必须把促进第一、二、三产业融合发展作为根本途径。要以构建第一、二、三产融合发展体系为目标，突破"乡村的产业就是农业"的传统思维模式，努力做强一产、做优二产、做活三产，推动农业由平面扩张向立体拓展，形成资源高效利用、功能复合叠加的现代农业产业体系。一方面大力推动农业产业链的纵向延伸，例如实现种养融合发展，即种植业为养殖业提供饲料，养殖业为种植业提供肥料；另一方面实现产业链条向绿色休闲、农活体验、文化体育、健康养生、电子商务的横向拓展。把农业加工业和休闲旅游作为产业融合的重点板块，采取"三二一"倒逼模式，在强化第三产业发展的基础上，带动深加工农业产业发展，提升农产品附加值，增强农业农村经济发展新动能。

5. 合力推进产业扶持

乡村产业振兴所面临的"地""钱""人"等问题，依然需要政府主导、企业及社会多方参与来加以扶持。第一，深化农村土地制度改革。完善农村用地政策，开发并盘活农村集体经营性建设用地，探索建立农业农村发展用地保障机制，落实农村土地集体所有权、农户承包权、土地经营权"三权分置"办法。第二，加大财政扶持力度。公共财政预算要向农业和农村倾斜，建立财政、银行、保险、担保"四位一体"的支农政策体系，完善规范透明、标准科学、约束有力的支农资金预算制度，加快形成财政优先保障、金融重点倾斜、社会积极参与的多元投入格局。第三，创新人才支撑体系。着重培养"懂农业、爱农村、爱农民"的专业人才队伍，加强新型职业农民、农业科技人才、创业创新人才、基层管理人才等多支队伍建设，鼓励社会各类人才投身乡村建设。建立农业科技人员激励机制，深化农业科研成果权益改革，允许科研人员通过持股、兼职开展科技服务。建立新型职业农民培育制度，建立教育培训、规范管理、政府扶持"三位一体"制度体系，逐步把新型职业农民打造成为农业农村现代化主体力量。

（二）以文化复兴为依托，努力打造留住乡愁的精神文化阵地

1. 注重乡村文化的开发包装

一是挖掘乡村文化特色资源。探寻乡村的历史文脉，提炼乡村的本土元素，加大对民间艺术、节庆文化、饮食文化等资源的普查力度，强化文化资源保护责任。二是开发多元"文化+"综合体。将文化与旅游、农业、工业等有机结合起来，跳出传统开发模式，围绕"全域旅游""创意旅游"等新型业态开发包装，促进文化价值与经济价值相统一。三是打造优质乡村文化品牌。对乡村文化进行对比评估、深入挖掘，尤其对红色文化、祠堂文化、家训文化、民俗文化等进行高品质、有创意的品牌包装策划，打造出具有地方特色的乡村文化。

2. 做优乡村文化的保护传承

一是做优乡村传统文化的保护工作。将保留传统乡村文化风貌融入村庄规划建设内容，加强对传统村落、民族村寨、名木古树、农业遗迹等保护工作的规划设计，在开发建设中延续乡村文脉，设立村级文化陈列馆、主题文化博物馆，还原具有代表性的历史文化遗址。二是做优乡村民间技艺的传承工作。传承和发展优秀戏曲曲艺、非物质文化遗产和传统手工技艺，加快建立乡村优秀文化遗产传承机制，支持非遗申报、技艺传承、专利申报等工作，实施非遗传承人研习培养计划，推进乡村非遗展示与传习基地建设。

3. 力推乡村文化的宣传教育

首先，用科学的理论教育村民，让广大村民的思想"富"起来。以培育和践行社会主义核心价值观为创建目标,广泛开展"文明乡风、良好家风、淳朴民风"宣传教育活动,即组建一个乡风文明理事会、建好一支文明劝导服务队、办好一个道德讲堂、建设一批文化宣传墙、开展一系列创评活动,使新时代农村良好新风尚能够融入生产生活的方方面面。其次,立足优秀传统文化普及教育,创新乡村文化传播表现形式。推进乡镇文化站、文化广场、农村文化礼堂、图书馆等项目建设,以教育教化、礼仪礼节、家德家风等为建设内容,构建农村新型文化体系。最后,大力开展农村法制宣传教育活动。提供法律服务、设立法律讲堂,让广大村民学法、知法、懂法,学会用法律保护自身合法权益,为农村经济发展和社会和谐稳定营造良好的法治氛围。

4. 促进乡村文化的多元投入

一是加大政府投入。进一步加大乡村文化建设专项投入,提高文化事业投入占财政支出比例,不断增加农村公共文化服务支出总量,建立乡村文化建设专项引导基金,打通公共文化建设最后一公里,发挥政府投入的引导和杠杆效用。二是激发社会投入。吸引社会力量投入乡村文化建设,发起民间捐赠活动,发挥非遗保护民间组织作用,鼓励村民自筹资金兴办农民演出团队、农家书屋等,吸引选拔一批热爱乡村文化的文化能人、大学生、退伍军人等加入乡村文化建设队伍。

(三)以生态文明为基础,积极构建乡村绿色宜居宜业家园

1. 在打造绿色人居环境上下功夫

乡村振兴要把改善人居环境放在突出位置。一是要将农村环保基础设施建设与农村发展新业态、新模式有机结合,加强农村污水、垃圾、空气污染等突出问题治理,确保人居环境与产业融合能够协调发展。二是要加大农村人居环境基础设施资金投入。逐步建立政府、企业、社会多元投入机制,积极主动与上级相关部门协调沟通,争取上级专项资金。

2. 在推进绿色生产方式上下功夫

要推动农业产业与资源环境相互协调,关键在于坚持绿色生产方式。一是要在生产过程中坚守生态建设的底线。科学发展畜禽养殖,推广先进农作技术,使用高效、低毒、低残留的农药,努力实现农业生产结构合理化、生产技术生态化、生产过程清洁化、生产产品无害化，坚持在保护中发展、在发展中保护，让绿水青山带来源源不断的金山银山。二是要大力推进环境污染整治行动。坚持防治结合、标本兼治的原则，强化乡镇企业的监督检查，巩固达标排放成果，对重点污染企业进行严密监控，对新建企业实行严格的环评审批。三是要全面推进农业标准化生产基地建设。大力发展农村循环经济，建设一批种、养、加工一体化的农业循环经济试点，加强无公害农产品、绿色食品、有机食品生产基地建设。

3. 在构建长效机制上下功夫

一是要激发农村居民的内生动力，发挥农民的主体作用。加大农村基础教育中环境教育的力度，运用多元化教育形式提高环保意识，引导农民积极参与人居环境问题规划、建设、管理的全过程。二是要理顺乡村生态环境监管体制，进一步完善生态考核指标体系，明确将农村环境质量考核纳入年度政府考核。三是要完善农村生态环境补偿机制。按照"谁保护谁受益、谁使用谁付费"的原则，加快建立资源保护补偿政策体系，健全绿色发展方式补贴，利用财政转移支付制度形成改善农村环境专项基金。四是要健全农村基础设施运营管护机制。制定农村基础设施运营管护补助标准并纳入各级预算，逐步建立农村资源使用和公共服务适当收费机制。

（四）以基层治理为保障，大力推进乡村治理体系现代化

1. 积极构建"三治结合"的乡村治理体系

构建自治、法治、德治相结合的乡村治理体系是乡村善治的必由之路。一是要发挥法治的保障作用。健全基本公共法律服务体系，为农民群众提供更广泛、更深入、更充分的法律服务，大力开展平安乡镇、平安村庄创建等活动，积极发挥党员干部的"头雁"引领作用，大力推动村支两委依法依规规范管理村民自治事务，真正形成遇事找法、办事依法、解决问题用法的法治型乡村秩序。二是要发挥自治的核心作用。通过多种途径加强村民的公民意识教育，培育村民的权利意识、责任意识和参与意识。完善村民自治微观制度，完善民主选举、民主决策、民主管理和民主监督制度。广泛组建群众性自治组织，成立村民议事会、道德评判团、乡贤参事会等载体，实现村民自我管理、自我教育、自我服务机制。三是要发挥德治的基础作用。在乡村治理中融入德治，能够为乡村自治和法治赢得情感支持。加强家风建设，持续开展"道德模范""文明家庭"等评选活动，不断繁荣群众精神文化生活，让社会主义核心价值观融入乡村生活，创新乡贤文化，形成崇德向善、见贤思齐的乡风民风。

2. 大力实施"基层组织带头人"提升行动

提升基层组织治理水平，关键在人，尤其是基层党员干部。一是要抓住基层组织的核心关键——村支两委负责人。将致富带头人、返乡创业人员及合作社负责人等优秀人才纳入村支两委负责人候选范围。二是提升基层组织的主力支撑作用。广泛吸引高校毕业生、机关企事业单位优秀党员干部到村任职，选出一批"当地有威望、说话有分量"的党员，将村里老教师、老干部、种植能手等乡贤凝聚起来共同出谋划策。三是采取激励保障机制激发村干部的工作热情。完善从优秀村党组织书记中选拔乡镇领导干部、考录乡镇机关公务员等有关制度，积极为基层干部搭建职位晋升平台。同时，逐步提高村干部的工作待遇，根据工作能力加入绩效奖励，对离职后的优秀村干部要在生活补助、养老保险等方面给予保障，激发村干部的工作积极性。四是加强村干部的教育培养工作，强化党性教育、法治教育、公仆意识教育，提升村干部乡村治理的综合能力。

3. 逐步完善乡村基层治理多重机制

一是构建群众利益表达回应机制。明晰村民主体地位，完善村民大会制度和基层信访制度，实行信访案件首办责任制，畅通治理主体表达诉求渠道，建立健全村民维权组织体系，鼓励发展村民自治组织。二是健全乡村政务信息公开机制。政务公开是基层民主建设的重点内容之一。通过召开党委会、支部委员大会、村民代表大会进行政务公开，设立党务、政务、村务公开栏，并设立网上公开平台。三是重构乡村公共产品供给机制。建立公共产品供给的监督机制，有效解决公共产品低使用率问题，完善乡镇政府和村支两委公共财政预算体制和审计制度，实行专款专用。四是建立乡村民主监督机制。实行村级小微权力清单制度，严厉整治惠农补贴、集体资产管理、土地征收等领域侵害农民利益的腐败之风，打造理念创新、过程规范、结构合理、制度优化的乡村治理环境。

二、乡村振兴战略的任务体系

（一）激发产业发展活力

乡村振兴的首要任务是产业兴旺，以农业发展为主，一、二、三产业融合是关键，供给侧结构性改革是主线。一方面，就农业产业发展而言，现阶段农村产业发展的现状是农产品多而不精，农业广而不强，农业效益倒逼农业产业体系发展。具体来看，乡村农业发展应以质量兴农、绿色兴农、粮食安全为抓手，实现农业高质量发展。同时，要加大科技投入、技能支撑，提高农民现代设施应用能力，使规模生产与小农生产相结合。但农业功能不能只停留在生产，要通过农业产业业态、内容、链条的丰富、创新、延伸，加快构建农业产业体系、生产体系和经营体系。另一方面，促进产业融合发展，培育新型产业，是形成支柱产业的有效方式。乡村农产品种类丰富，可以搭乘城乡融合之便车，以新型工业为手段，开展农副产品精深加工，搞活"一村一品"，打造名优产业。同时依托乡村自然、人文资源，借助教育、旅游、文化、媒体、网络等产业力量，实现多产业融合发展，使绿水青山变"金山银山"，充分发挥生态效益、经济效益、社会效益。但归根结底，产业兴旺需以资源为本，引导全要素生产资源向农村的正向流动至关重要。所以，要通过政策、体制建设配置资源，实现乡村产业发展的各要素禀赋向农村聚合，打造优势产业，激活产业价值。

（二）打造生态宜居格局

改善农村人居环境，建设美丽宜居乡村，是实施乡村振兴战略的一项重要任务。生态宜居对生活环境建设提出了更高要求，宜居是基础，生态是保证。脱离民生讲生态，青山绿水恐为"穷山恶水"。建设生态宜居乡村首先要完善农村基础设施建设和公共服务水平，要在环境保护的前提下，大力改善农村住房条件，建设水电气、交通、通信等基础设施，完善医疗、教育、文化、娱乐等配套设施，使农村生活便捷、文明、现代。同时，农村垃圾污水排放、土地土壤污染、资源粗放开发导致生态破坏，对宜居环境造成影响的问题不容乐观，要加快实施环境有效治理，以生态改善为宜居创造条件，使农村生活健康、舒适。其次，良好生态环境既是农村宜居生活的保障，也是其最大的优势和宝贵财富，应以尊重自然、顺应自然、保护自然为前提，运用现代科技和管理手段，对乡村自然资源进行合理开发，加快增值，将乡村生态优势转化为发展生态经济的优势，促进生态和经济良性循环，实现百姓富、生态美的统一。总体而言，要处理好开发与保护的关系，使生态与宜居互动融合，既要生态和谐，又要美好生活。

（三）营造文明文化风尚

乡风文明是乡村振兴战略的灵魂与保障，是乡村优秀文化的重要组成部分。文化兴国运兴，文化强民族强。乡村振兴物质建设固然重要，但精神文明也不容忽视。既要传承和弘扬中华优秀传统文化，也要发挥先进文化的引领作用，全面提升农民精神风貌，培育文明乡风、良好家风、淳朴民风，不断提高乡村社会文明程度。现阶段，乡村绝大多数人民已经达到丰衣足食的物质发展水平，但文化建设相对滞后。一方面优秀传统文化没有得到有力传承与保护，另一方面，一些低俗文化、垃圾文化渗入，乡村文明文化建设亟须大力推进。首先，要明确村民主动提升为主、政府制度引导为辅的建设原则。乡风文明文化建设主体是农民，政府修文化室、建图书馆、搞文化墙等基础性工作是很有必要的，但关键要充分调动农民积极性，有效激发农民主体责任意识。通过一些村民喜闻乐见的方式，结合现代科技手段、数字媒体技术，以丰富多样的创新形式，将社会主义核心价值观、中国梦理念等思想道德建设内容柔性渗入，激发农民接受兴趣、学习兴趣。配套建设保障制度，逐步实现教育引领、实践养成的效果。其次，要保护优秀传统、整合民间艺术、挖掘文化能人、树立文化自信。文化不能停留在教育、保护的静态功能上，要通过开发、利用实现其动态功能，以经济价值的转化，实现其保护和利用的良性循环。因此，要在科学保护传承的基础上，包容并蓄现代文明，赋予丰富时代内涵，合理开发利用，实现优秀传统文化的弘扬发展与提升改造。

（四）构建多元治理体系

乡村振兴，治理有效是基础，完整治理结构、多元治理体系是留住"乡愁"的一种内在关切。当前，乡村党政关系、干群关系、乡村债务、村治腐败等乡村治理问题成为阻碍乡村振兴的重要隐患。乡村在历史发展过程中，形成了深厚的自治、德治治理基础，是乡村治理体系的有机组成部分。可以通过深化村民自治实践，加强农村群众性自治组织建设，健全和创新由村党组织领导的充满活力的村民自治机制。同时，提升乡村德治水平，深入挖掘乡村熟人社会蕴含的道德规范，结合时代要求进行创新，强化道德教化作用，建立道德激励约束机制。但乡村治理工作最终要落实法治，以法治为根本和主导，要坚持法治为本，树立依法治理理念，强化法律在维护农民权益、规范市场运行、农业支持保护、生态环境治理、化解农村社会矛盾等方面的权威地位。在不同治理机制中党的基层组织应始终居于中心地位，要强化农村基层党组织领导核心地位，防止村级党组织弱化、虚化、淡化、软化、边缘化现象。因此，应当鼓励和允许乡村以基层党组织为核心，根据自身条件，组成不同的、适合本地情况的治理结构，建设自治、德治、法治相结合的多元治理体系，提高乡村治理效率，推进乡村治理现代化。

（五）塑造美丽幸福风貌

生活富裕是新时代中国特色社会主义的根本要求，是乡村振兴最直接的动力源泉。共同富裕作为一种丰裕的生活状态，最主要的实现标准是社会生产力高度发展，社会财富极大丰富，人民群众物质生活水平极大提高。反观乡村发展，财富积累严重不足是当前一切"三农"问题的根源。因此，提高乡村收入水平、促进农村劳动力转移就业、拓宽增收渠道是当前群众最关心、最直接、最现实的利益问题，而推动乡村产业融合、发展新业态新产业、配套乡村经济发展制度体系是解决以上需求的有效方式，也是乡村振兴当务之急。此外，与农民息息相关的教育、就业、服务、保障等方面是否全面是最能体现农民生活质量高低、快乐幸福与否的标准。而农村相较于城市最大的差距来自医疗、教育、服务、基础设施等公共资源水平。因此，乡村振兴要坚持优先发展农村教育事业、鼓励农民就业创业，推动农村基础设施提档升级，加强农村社会保障体系建设，持续改善农村人居环境，实现生活富裕、美丽幸福的"乡村梦"。

（六）强化用人育人机制

实施乡村振兴战略，人才缺失是主要制约因素之一，要突破乡村发展人才瓶颈，必须探索多元用人、育人政策，着力培育本土人才，积极引进外来人才。首先，就地取材，完善本地人才培育措施。乡村建设主体是农民，历史悠久的农业传统造就了农民浓厚的乡土情怀，这是农民最根本的内生动力，应充分调动本地农民参与乡村建设。完善本地能人培育措施，通过建立职业农民制度，创新职业评价机制，培养农业专门人才，使农民职业化、专业化。其次，多方聚才，创新人才引进机制。以精神激励、物质奖励多措并举，引进人才，吸引优秀人才建设农村，引导高校毕业生进村创业兴业。结合人才返乡政策，营造良好的创业就业环境，大力发展文化、科技、旅游、生态等乡村特色产业，提供多渠道就业方式，吸引农民工就地转移就业。制定各界人士服务乡村激励政策，打好感情牌，以"乡情"纽带激发建乡、扶乡情怀，凝聚社会力量，服务乡村振兴、共建美好家园。最后，加强"三农"工作基层队伍建设。乡村振兴要坚持党的领导，充分发挥党的基层组织作用，要把懂农业、爱农村、爱农民作为基层工作队伍建设和干部培养的基本要求，加强"三农"工作干部队伍培养、配备、管理、使用，全面提升"三农"干部队伍能力和水平，为高效推进乡村振兴打下组织基础。总而言之，人是乡村振兴中最活跃的因素，要建立一切有利于人才建设的方法、措施，广泛吸引人才、培养人才，发动一切可以发动的人才力量，为乡村建设注入活力。

第三节　乡村振兴战略实施的重要意义

一、实施乡村振兴战略是解决发展不平衡不充分矛盾的迫切要求

中国特色社会主义进入新时代，这是党的十九大报告做出的一个重大判断，它明确了我国发展新的历史方位。新时代，伴随社会主要矛盾的转化，对经济社会发展提出更高要求。新时代我国社会主要矛盾已经转化为人民日益增长的美好生活需要和不平衡不充分的发展之间的矛盾。

二、实施乡村振兴战略是解决市场经济体系运行矛盾的重要抓手

改革开放以来,我国始终坚持市场经济改革方向,市场在资源配置中发挥越来越重要的作用,提高了社会稀缺资源配置效率,促进了生产力发展水平大幅提高,社会劳动分工越来越深、越来越细。随着市场经济深入发展,需要考虑市场体制运行所内含的生产过剩矛盾以及经济危机等问题,需要不断扩大稀缺资源配置的空间和范围。解决问题的途径是实行国际国内两手抓,除了把对外实行开放经济战略、推动形成对外开放新格局,也需要把对内实施乡村振兴战略作为重要抓手,形成各有侧重和相互补充的长期经济稳定发展战略格局。由于国际形势复杂多变,相比之下,实施乡村振兴战略更加安全可控、更有可能做好和更有福利效果。

三、实施乡村振兴战略是推动农业现代化的关键内容

经过多年的持续不断的努力,我国农业农村发展取得重大成就,现代农业建设取得重大进展,粮食和主要农产品供求关系发生重大变化,大规模的农业剩余劳动力转移进城,农民收入持续增长,脱贫攻坚取得全面胜利,为实施乡村振兴战略提供了有利条件。与此同时,在实践中,由于历史原因,目前农业现代化发展、社会主义新农村建设和农民的教育科技文化发展存在很多突出问题迫切需要解决。面向未来,随着我国经济不断发展,城乡居民收入不断增长,广大市民和农民都对新时期农村的建设发展存在很多期待。把乡村振兴作为党和国家战略,统一思想,提高认识,明确目标,完善体制,搞好建设,加强领导和服务,不仅呼应了新时期全国城乡居民发展新期待,而且也将引领农业现代化发展和社会主义新农村建设以及农民教育科技文化进步。

第四节　国外乡村振兴的经验启示

一、韩国：新村运动

（一）新村运动的启动

第二次世界大战后，韩国抓住机遇积极推进工业化、城市化运动并取得显著成绩。与工业化、城市化迅速发展相对，韩国农村农业发展显著滞后，导致工农业发展失衡问题越来越严重，特别是进入20世纪60年代以来，城乡二元结构分化更加明显，给韩国经济社会持续健康发展带来严重的挑战。面对城乡发展的巨大鸿沟，韩国国家财力有限，无法满足解决城乡发展差距的巨大资金需求。在这种情况下，韩国政府另辟蹊径，在政府的支持下把农民组织起来，发挥农民的主体地位，调动农民的劳动积极性，使其投身建设自己的家乡，着力改善农村的生活环境、生产条件。

在这种背景下，韩国政府从1970年起开始正式组织实施"新农村建设与发展运动"，简称"新村运动"[①]。客观上来说，韩国新村运动与其他传统的农村发展模式在本质上没有大的差别。在起步阶段，韩国的新村运动高度重视包括思想启蒙、要件支援、教育研修等多种手段的综合运用，初期主要是以官方为主导，示范、吸引农民参与的形式，不断提高农村居民改善生活的意识。在推进发展阶段，则逐步转变成以农民为主、以官方支援为辅的形式，重点改善生产条件，核心是增加农民的收入，积极支持农民开展新村建设。经过四十多年的发展和不懈努力，韩国从落后的农业国一跃成为发达的工业国，较好地解决了城乡发展不平衡的问题，基本实现了城乡经济的协调发展和城乡居民收入的同步增长。

（二）新村运动的内容与特色

新村运动坚持以促进农村区域综合开发为基础，以整体提升为目标，

[①] 中国改革发展研究院. 中国农村改革路线图[M]. 北京：世界知识出版社，2010：358.

以政府投入支持和农民自治为新村运动的基本动力,以项目开发带动乡村发展,注重培育农民的"勤勉、自助、合作"精神,鼓励农民投入家乡建设活动。新村运动的主要内容有三个方面:第一,注重社会开发,注重农村基础设施与环境的开发建设与保护;第二,注重经济开发,增加农民收入;第三,注重精神启蒙项目,加强伦理教育。新村运动的实质就是通过开发建设新农村,在帮助农民脱贫致富的同时,使农民的精神世界也丰富起来,最终形成脱贫、改革与创造的精神,为农村的持续发展带来持续的动力,最终实现城乡的协调发展。韩国新村运动采取的主要举措有以下三个方面。

一是发挥政府主导作用。为切实推动新村运动,韩国政府从中央到地方、从上到下建立了一整套专门行政机构。在中央政府层面,设立了中央新农村运动咨询与协调委员会;在地方村镇层面,设立了不同层次的新农村运动咨询与协调委员会,具体负责协调推动新村建设的各项事务。

二是注重村民自治。新村运动归根到底还是农民的事情,政府可以帮助,但不能越俎代庖,不能包办。为此,韩国政府积极倡导成立村民自治组织,如在乡村成立邻里会组织,针对妇女群体、青年群体等,相继成立了新农村妇女协会、新农村青年协会、新农村领袖协会等民间组织,这些民间组织的成员积极参与新村建设运动,发挥了政府组织不能发挥的作用。此外,政府大力支持村民自治,支持村庄建设,政府任命公共官员参与每个乡村社区建设,并积极组织村民通过村民大会的形式参与村庄建设,如新村运动一些具体项目的选定与组织实施大都是经过村民大会的形式来完成的。

三是尊重保留村庄特色,实施分类发展。韩国政府基于农村地域发展的实际,采取分类激励和发展的有效策略,将全国的村落根据各自发展的实际区分为三种类型:基础村、自助村和自立村。针对不同类型的村庄,其发展的侧重点也有所不同,增强了发展项目的针对性。如基础村的重点,在于培育自助精神,持续改善生活环境;自助村的重点,在于通过改良土壤、疏通河道等,强化基础设施建设,实现村镇结构的进一步改善,通过发展多种经营,实现农业收入稳步扩大提升;自立村的重点在于,注重对各类生产标准的制定,如农村住宅标准、农产品标准等,注重发展乡村工业、畜牧业和农副业等，开展基本公共服务建设，修建简易供水、通信和沼气等生活福利设施，从而实现自立村的健康可持续发展。

总之，经过几十年的发展，韩国新村运动在实践进程中不断优化和完善，形成了自己的鲜明特色。第一，新村运动比较注重农村的整体发展，既关注到农村基础设施的发展，又涉及农村精神文明的建设和发展。第二，新村运动注重发挥农民的积极性、主动性，充分调动广大农民参与其中，而不是自上而下的单方面赋予。第三，新村运动注重运用综合的方法，不止于改善与提高农民的经济发展水平，而是综合运用国家政策，全方位支持农村发展。第四，典型的全国性运动，政府的强力支持是其取得成功的基础和保障。通过深入开展新村运动，韩国实现了城乡经济的协调发展和城乡居民收入的同步增长，其经验也得到联合国有关组织的关注和肯定，对于亚洲乃至世界其他国家也具有很强的现实启发意义。

二、法国：领土整治、一体化农业

"领土整治"是法国推动乡村发展的典型特征。纵观法国乡村发展史，农业大发展的时间并不长。1945年以前，法国还是一个农业人口占人口总数将近一半的国家，主要农产品依靠从殖民地进口。自"二战"结束到20世纪70年代末，法国仅用了20年时间就实现了农业现代化，一跃成为世界农业最发达的国家之一。

概括来说，法国以满足农村现代化需求为核心，通过农村建设的集中化、专业化、大型化，推动了乡村综合发展。法国的农村改革主要包括两方面内容：一方面是发展"一体化农业"，另一方面是开展"领土整治"。

"一体化农业"即在生产专业化和协调化的基础上，工商业资本家与农场主通过控股或缔结合同，利用现代科学技术和现代企业管理方式，将农业与同农业相关的工业、商业、运输、信贷等部门结合起来，组成利益共同体，继而通过其他部门和机构提供的资金和技术指导，带动农业建设，实现对农业的支持和反哺。

"领土整治"则是通过国家相关的法律法规支持经济欠发达地区乡村发展，实现农村社会资源的优化配置，旨在解决区域发展不平衡，也包括山地、河流和海岸的治理以及生态环境的保护等。特别是随着经济和城市化的高度发展，法国社会对于环境保护的愿望变得空前强烈。该国将农村的空间环境和生态环境作为重点，划定了不可逾越的红线，目的在于保护城市与乡村居住环境的多样化。

　　在实施"领土整治"的过程中，法国用城市总体规划和土地利用计划来指导城乡土地利用，优先保证各类绿地、开放空间、农场牧场、村庄建设规模，以及农房高度边界和绿色边界，保持乡村形态和自然景观的原始延续。规划旨在不影响生态环境的同时，完善基础设施和服务设施，增强乡村承载力和吸引力，从根本上防止对农村土地的蚕食，最大限度地避免城市过度膨胀所带来的"城市病"。同时，法国政府大量建设各类保护区，特别是分布在各地的大区级自然保护区，在保护自然遗产的同时，重点保护作为文化遗产的村落，并在保护中发展村镇经济，避免城市化引起的乡村衰落。

　　不仅如此，法国政府还强调应用财政扶持、技术保障以及教育培训等综合方式来支持乡村建设，助推乡村社会的善治。这些措施加快了乡村地区的发展，使得城乡发展速度、经济水平和预期目标趋于平衡。

三、荷兰：农地整理

　　"农地整理"是荷兰重塑乡村景观的重要举措。荷兰的国土面积仅有4万多平方千米，却成为仅次于美国的世界第二大农业出口国，这与其大力推行农地整理密切相关。该国通过整合现有农村资源，充分发挥地区优势，促进了农村社会的和谐发展。

　　早在1924年和1938年，荷兰政府就相继颁布了两版《土地整理法》，通过土地置换、规整划一等实现土地相对集中，改善农地利用，促进农业发展。这一时期，荷兰将农业利益置于首位，土地整理法案的内容包括改善水资源管理、优化土地划分和建设道路基础设施等。尽管这一时期的土地整理成功提高了农业生产效率，但由于实施目标的单一性，导致在一定程度上破坏了乡村的传统景观。

1954年，荷兰颁布的第三个《土地整理法》，在解决粮食短缺问题的基础上，允许预留部分土地服务于农业生产之外的自然保护、休闲娱乐、村庄改造等，同时明确了景观规划必须作为土地整理规划的一个组成部分。自此，乡村景观规划在荷兰获得合法地位。这一时期乡村景观规划的主要目标仍然是区分土地的使用类型，但开始涉及户外休闲、景观管理以及自然保育等方面的利益。1970年以后，荷兰政府转变了只强调农业发展的单一路径，而转向多目标体系的乡村建设，如推进可持续发展农业，提高自然环境景观质量；合法规划农地利用，推进乡村旅游和服务业发展；提高乡村生活质量，满足地方需求等。而且，通过更加科学合理的规划和管理，荷兰避免和减少了农地利用的碎片化现象，实现农地经营的规模化和完整性。

1985年，荷兰政府颁布了《土地使用法案》，要求拓展乡村发展目标，协调与其他物质规划的关系，允许购买土地用于非农目标。相比以往农业优先的规划，娱乐、自然和历史景观保护被置于与农业生产同等重要的地位。近年来，荷兰乡村建设的目标随着社会发展变得更加广泛，乡村整治任务变得越来越全面和综合。政府作为乡村重建背后的推力角色已经大大弱化，2007年版的《土地使用法案》也更加注重解决私人与政府合作开发土地过程中涉及的成本和收益问题。因此，乡村景观规划也更加注重农民、政府、社会团体等各方利益的均衡。

通过农地整理，荷兰的乡村不仅环境良好、景观美丽，且农业经济发达，农民生活条件优越。在农村资源相对有限的情形下，荷兰通过对乡村精耕细作、多重精简利用的方式，达到规模化和专业化的经济社会效益。

四、日本：造村运动

（一）造村运动的启动

第二次世界大战后日本非常重视城市建设，导致农村人口大量流向城市。1955~1971年，工业和其他非农产业的就业人口迅速增加，达到1830多万人，累计总数达到4340多万人，占就业总人数的比例从61%提高到

85%；同期农业劳动力则从1600万人减少到760多万人。①这导致农业生产力大幅下降，农村面临新的危机，加上20世纪70年代的石油危机给日本经济带来的巨大影响，促使日本人认真思考如何实现经济社会的可持续发展，如何处理城乡发展差距不断扩大的现实问题。在这种情况下，在20世纪70年代末日本开始启动造村运动，旨在通过"自下而上"的造村运动实现乡村的重新振兴。

日本的町、村也就是平常所说的农村基层政权组织。町、村一般由几个居民点或者若干自然村组成，当然在町、村的相应范围内，还存在不同形式的村民自治组织，如"集落""自治会"或"町内会"等，"集落"是日本农村的居民点和自然村，通常有十几户或几十户人家。需要指出的是，日本的集落与町、村政府之间不存在领导关系，其职责在于协助町、村行政，具体贯彻落实国家有关农业政策，如日本的水稻种植计划等政策的落实，多是通过这一组织最终分配到各家各户。

值得关注的是，日本的农村基层居民自治组织非常发达，农村居民可以自由参加各种组织，基层居民的自治组织也具有相当的独立性。町、村议会成员和行政首长由农村居民直接选举产生，町、村长受町、村议会的监督，并有罢免权，町、村长可以否决町、村议会的议案，甚至解散议会。在具体运行实践中，当町、村议会以2/3的多数通过对町、村长提出的不信任案时，如果不解散议会进行重新选举，那么町、村长就必须立即辞职。日本全国最大的农业和农民团体是农业协同组合，其成员众多，可以说囊括了全国的农民。农业协同组合组织一般分为三个层级：即全国、都道府县和市、町、村三个层级，具体来说，农业协同组合有的由町、村单独建立，有的是以几个町、村为基础共同建立，在特殊情况下，如个别基层农业协同组合如果规模过大，还可以设立支所。当然，除农业协同组合外，町、村内也存在自治会和町内会等组织，町内会、自治会也都是由居民自愿参加、组合而成，其规模大小不等。

---

① 金善明. 现代日本经济论[M]. 沈阳：辽宁大学出版社，1996：549.

（二）造村运动的举措与成效

始于20世纪70年代末的日本造村运动，也被称作造町运动，其内容也由最初单纯的农村经济发展，进一步扩展到景观与环境的改善、健康与福利事业等整个农村生活层面。日本为推动农村治理发展，采取的主要举措有如下几方面。

一是采取了现代化带动战略：以农业现代化带动农村的整体发展。"二战"特别是朝鲜战争后，日本经济短期内得到高速发展，工农、城乡之间的差距日益扩大，导致农业人口急剧减少。为了切实缩小工农和城乡之间的差距，日本政府从产业振兴的角度切入，明确了以促进农业发展作为乡村振兴发展的主线和重点，注重增加农民收入来进一步促进农村的全面发展。特别是从1961年起，日本政府先后颁布了《农业基本法》《农业现代化资金筹措法》等一系列涉农方面的法律法规，对《农地法》《农振法》等法律法规做了进一步修订完善，从政策、制度等方面保障支持农业、农村的健康可持续发展和农村的规范发展。

二是实践中注重推动农村与农业的平衡发展。自1999年起，日本在原来《农业基本法》的基础上，又相继出台了《山区振兴法》等配套法律，并制订了具体的实施计划。一方面，政府进一步加大了对山区农民粮食生产的财政补贴，为此设立了"农村建设专项费"，重点支持农村的个性化、亲环境型的发展；另一方面，日本政府根据新颁布的《景观法》，重点扶持农村、山村及渔村地区特色自然景观建设发展。此外，日本政府还通过农村地区居民、民间社会组织等多元主体的共同参与，鼓励、支持农村地区非农产业的发展，如从1979年开始，大分县推行"一村一品"运动，并取得较好成绩，从而有力推动了农业和农村并行发展，形成了自然与农业生产协调发展的田园景观。

三是注重城乡互动融合。日本政府鼓励在农村开展绿色观光事业，开展农村生活体验等活动，着力增强城乡国民间的双向互动交流，建立了城市与农村共存及双向交流长效机制，从而为实现城乡的联动发展提供了制度保障。

从总体看，战后日本通过采取政治、经济、文化等不同层面的举措，加大了对农业生产和农民生活的基础设施建设力度，全面缩小了城乡差距，提高了农业和农村的现代化治理水平，农民的收入实现同步增长，农村的消费潜力得到激发，也促进了工业的进一步发展，而且农村通过重建和更新，在推动本地传统文化复兴的同时，也带动了旅游业等相关产业的发展。纵观日本造村运动的实践历程可以看出：乡村振兴是一个从量的积累到质的飞跃的变化过程，这个过程是渐进的、长期的。从最初的消灭城乡差距开始，到全力推进农业生产环境整治，再到营造农村景观，着力提升农村生活水准，到高度关注生态环境整治，其间经历了循序渐进的发展。

五、国外乡村振兴的启示

（一）建立健全系统性的政策

从国外乡村振兴的经验来看，乡村振兴不是一蹴而就的，需要长期的、循序渐进的、阶段性的综合性保障和政策支撑，绝不能以单纯的农业或农村发展政策来推动乡村振兴。日本建立了《农业基本法》与多个"普通法"相结合的法律体系，实现了农业政策的约束性和稳定性。德国在农村的不同发展阶段也不断出台新的农村发展计划以改变其政策重心。结合我国乡村振兴的发展目标，应科学把握区域乡村发展的差异性，从全局的高度做好顶层设计，各项分类政策应注重统筹协调、有序搭配。此外，应借鉴发达国家完善的农业补贴、农业保险、金融支持等配套政策，建立健全我国相关的综合配套支持体系。

（二）革新农业技术

创新是发展的不竭动力源泉。发达国家和地区无一例外都高度重视科学技术进步对农业农村发展的带动作用。韩国不断通过新型良种研发推动水稻生产技术的改进；德国成立专门的部门支持农村地区的研发和知识创新；荷兰政府投入大量经费用于温室技术的创新研究，"食品谷"聚集了大量研发机构，现已成为全欧洲乃至全世界最著名的农产品和营养研发中心。近年来，我国的农业技术已经取得了不俗进展，但是与发达国家相比，农业的集约化、专业化和现代化水平仍有待提升。因此，必须强化科技创新的引领作用，加大农业技术投入，大力攻克关键领域、关键环节，提高科技成果转化利用水平等。

（三）培育特色优势产业

国外重视特色优势产业对农村经济的带动作用。日本政府根据本国的地形特点、自然条件状况，培育了牛肉、稻米、柿子、香菇等诸多名优农产品。荷兰的乳制品、花卉产业、食品加工产业等举世闻名。此外，美国、日本、韩国农工商全链条一体化的农业发展策略也产生了良好的效益。正是得益于这些产业良好的经济效益，才实现了农民收入的提升，奠定了乡村发展的坚实基础。当前，我国大部分农村地区的优势产业不突出、不鲜明，农产品竞争力不足，亟须加快推动农业转型发展，推动农业由增产向提质转变，加快打造世界知名农产品品牌。

（四）建设中小城镇体系

美国、德国在城市化进程中非常重视小城镇的发展。德国通过不断强化中小城镇的产业配套与服务功能，使中小城镇和乡村成为理想的生活家园。同时，美国也非常重视大小适宜的城镇体系建设，充分发挥中心城镇对广大农村地区的辐射带动作用，以此激发农村地区的发展意愿和活力。在解决我国面临的城乡差距较大、农村基础设施建设不足、乡村环境和生态问题突出等问题时，应充分借鉴上述发达国家的经验，注重将小城镇和周边乡村地区作为实施乡村振兴战略的重要抓手，科学规划中小城镇规模，促进生产力和基础设施布局向小城镇和农村地区倾斜，加快推进小城镇人居环境改善，促进小城镇和周边农村土地集约利用与乡村旅游、乡村景观与生态环保等有机结合。

上 篇
乡村振兴背景下的农村发展研究

农村是我国近六亿农村人口赖以生存的家园,是粮食供给和生态安全的根本保障。城市与乡村间要素的流动、整合、转换,贯穿了中国的现代化进程。城乡关系也因此成为理解当代中国的关键线索。2021年的中央"一号文件"将"全面推进乡村振兴"作为今后农村工作的重点,这是继2017年首次提出乡村振兴战略以来,再次将乡村振兴战略放在农村发展的首要位置。从新农村建设到脱贫攻坚再到乡村振兴,农村工作的政策指挥紧随社会经济发展的结构变迁。在新发展阶段,农村既不能单方面服务于城市发展,也不应单方面依赖城市的帮扶。农村应成为真正的发展主体,在经济发展、社会协调等方面发挥自身不可替代的作用。乡村振兴战略释放出的,正是这一发展转型的关键信号。本篇即对乡村振兴背景下农村发展的相关内容展开探讨。

第一章 中国农村治理现代化的演变历程

农村地区在全国城乡区域中占有很高的比重,加强农村治理,推动农村政治组织建设,提升农村社会生活水平,大力发展农村经济,综合整治农村人居环境,持续推进农村精神文明建设,是确保广大农村地区稳定和谐的关键所在。中国农村治理经历了漫长的发展过程,本章主要对中国古代乡村治理的变迁及乡村治理现代化进行分析。

第一节 中国古代乡村治理的发展历程

一、以官方为主的古代乡村治理

中国古代乡村治理的第一阶段是以官方为主的治理时期,即公元前221年至公元589年。中国古代乡村治理的萌芽形态是以国家行政力量为主导的乡里制度,乡里制度是由乡官制发展而来的,也就是说,乡官制是当时乡里制度的雏形。以官方为主的治理特点是:中央王朝体系力图将权力的触角延伸到最基层的乡村。

公元前221年,秦灭六国实现大一统,在全国建立郡县制,封建王朝自此几乎垄断了国家权力。秦始皇通过建立从中央到地方的各级国家机构并设立近乎苛刻的封建律法,不断巩固其统治地位,从而控制整个社会。郡县行政区划的设立,使得封建统治者的统治直接到达全国所有的郡和县,甚至可以将行政力量和宗族力量结合来控制乡村。在行政区划设置上,秦始皇将西周的诸侯国改为加强中央集权的郡县,在县以下设若干乡、亭。乡、亭以下设里,因此,乡和亭则是这个时期地方的最底层行政区划。这种治理制度叫作乡里制度，也被称为"乡亭制"。"乡亭制"的乡村治理制度遵循"官有秩，各有掌，重教化"的原则，因此"乡"和"里"的作用变得尤为重要，成了中国乡村制度里最为重要的两级组织。乡官主要由官派产生，辅以民间推选，并享有俸禄品秩，民选的乡官大多是年龄较大的德高望重者，因为这些人在乡村里具有较高的地位，易使乡民信服。但是，在这一时期，由于种种原因，封建专制统治无法达到高度集权的程度，此时的乡村社会依然基本处于半自治状态。

中国古代这一时期的乡村治理制度，组织形式相同，且历代因循，随势而变，大小不一，由于王权不下乡，乡和里就成为乡村治理的重要模式，其主要特点是乡官由上级官员指定或由县令指派。

二、官绅结合的古代乡村治理

中国古代乡村治理的第二阶段是官绅结合治理时期，即公元589年至公元1070年。官僚与绅士是中国传统社会的政治精英人物，在古代乡村治理过程中，两者分别担当了不同的角色，他们既有协作又有冲突，形成了所谓"官绅共治，政事协商"的乡村治理模式，即官绅结合，共同对乡村进行治理。这一时期乡村治理的另一特点是：乡里制度逐渐转变为职役制度。

公元581年，北周外戚杨坚夺取政权，建立隋朝。隋统一全国后，社会稳定，南北经济和文化交流日益增多。隋文帝为国家选拔人才，创建了科举考试制度，并下令整顿户籍管理制度，命州、县官按乡村统治体系进行户口普查。隋代的乡村治理，令五百家为一个乡，百家为一个里。起主要作用的是里正和党长，这样乡、党、里构成了隋朝乡村治理的主要模式。随后从三级乡村治理制度转变为乡、里两级制，但较之前相比，基层的政府管理人员人数骤减，官方对于乡村的治理权力开始弱化，逐渐向职役制转变。与隋朝不同，唐朝一直实行的是乡、里、村三级的乡村治理制度，后来，废除乡长，但保留"乡"的建制，所以"乡"的功能则进一步被弱化。在安史之乱之后，"乡"这一级基层管理组织基本丧失作用，而里和村的作用则开始占据主导地位，特别是"村"，在中国历史上作为正式基层管理组织登上历史舞台。宋代乡里制度主要分为两个阶段：初期和中后期，两个阶段的变化巨大。初期县以下为乡，继续实行乡里制度，乡以下设里，里以下设户。然而，此时的乡和里规模均与前朝大相径庭。宋初乡、里的规模远大于唐朝设置的乡，约为五百户，里的范围则为百户。

这一时期的乡村治理受地方政府控制，但主要依赖乡村士绅。士绅是随着隋文帝创立科举制后逐步形成的特殊社会群体，他们在古代乡村治理中发挥着重要的作用，是古代乡村治理的主体之一。士绅既代表国家行政力量，又与广大老百姓保持密切联系，成为官民之间的纽带和桥梁，是国家行政力量在乡村地区的延伸。士绅受官府委托，行使行政权力，维护地方稳定；与此同时，作为老百姓的代言人，士绅在一定程度上又是人民利益的忠实代表。正是由于士绅在国家机器和广大人民之间不断进行调节，在一定程度上维持了社会稳定，促进了国家与社会的不断整合。

总体来说，中国历史的这一阶段是处于由乡、里、村制度逐渐向保甲制度转变、由乡官管理制度开始向职役制转折的时期。在行政级别上，乡和里的地位随着封建王朝的更迭而逐渐下降，乡村自治的功能逐渐弱化。统治者为了加强中央集权统治，逐步增强对乡村的控制。乡村的权力核心更多地被中央直接控制的州县职役官吏所掌控，具体进行乡村治理是那些与官僚相互勾结的乡绅。

三、以地方士绅为主的古代乡村治理

中国古代乡村治理的最后一个阶段是从北宋王安石变法至清末地方自治的出现。这一时期，中国古代乡村治理制度正式由乡里制度转变为职役制，权力核心从乡镇直接回到"县"这个行政级别，"县"成了基层行政组织。为加强皇权统治力度，巩固皇权在乡村的统治基础，"县"以下实行保甲制度，基于族权庞大的宗族组织，建立以拥有绅权的士为纽带的乡村自治体系。

宋朝熙宁新政时期，王安石厉行变法。在机构设置上，县级以下实行保甲制度，熙宁三年（1070年）寺农司制定《畿县保甲条例颁行》，规定十家为一小保，五十家为一大保。十大保为一都保。统治者为保证保甲制度的顺利实施，一方面建立分管部门来督促制度的推行，另一方面颁布相关法令来保障其实施。保甲制度的建立在全国乡村形成了一个严密的治安与管理网，极大程度地削弱了乡村治理的自治色彩，标志着封建专制国家对基层乡村社会控制的增强。至此，"乡"和"里"的地位已几乎全部丧失，不再具有行政组织的职能了。中国古代封建社会乡里制度真正转变为职役制，中央集权得到进一步强化。

元代的乡村治理制度较为复杂，初期基本上推行的是唐朝的乡里制度和金朝的村社制的混合管理模式，同时还出现了都图制。明代的乡村治理制度具有鲜明的地域性特征，北方的乡村治理制度带有着金、元的乡里制和村社制的色彩，而南方的乡村治理制度受宋朝都保制的影响较大，南北存在一定的差异。清代的乡村治理制度基本与明朝相同。雍正年间，清政府就保甲制度做出更为详细的规定：规定了保甲组织中各级人员的赏罚措施，并且对保甲编制实行更加灵活的政策。清朝保甲制度的继续推行表明清政府对乡村的监管更加严密，乡村的自治权几乎完全丧失。1840年鸦片战争爆发后，中国虽然开始沦为半殖民地半封建社会，但"县"作为清朝最基层的政权，由于远离城市，外国侵略者无法顾及而依然保持着相对稳定的状态。

这一阶段的乡村治理官员基本以乡绅为主。乡绅是一个独特的社会团体，他们是代表国家权力的官僚队伍成员，是统治中国社会的特权阶层之一，体现了的中央意志。与此同时，由于乡绅是从地方或宗族中走出来的，在宗族文化的熏陶和培养中成长，必然也是他们利益的忠实代表，因此，乡绅在中国古代乡村治理中发挥了重要作用。乡绅在乡村治理过程中不但要从意识形态上对老百姓进行引导，还需要在政治、社会和经济事务的实际管理上行使行政职权。一方面，乡绅作为治理官员，发挥领导作用并在增进地方福利中扮演积极角色，赢得了普通老百姓的尊敬和追从；另一方面，乡绅缺乏威权，只能对官员的决策过程施加影响，促使官员创制、修改或撤销某个决定或行动。

中国古代封建王朝的乡村治理制度，从秦统一全国开始的以官方为主导的乡里制度逐渐演变到唐、宋时期的官绅结合的阶段，在这个阶段，乡村治理制度逐渐由乡官制转变为职役制，从唐宋以前的乡官全面控制发展为官绅结合治理乡村，最后由于统治者为了加强中央集权，巩固其统治地位，收回到国家直接干预，这样，封建专制更加强化，乡村自治的色彩日趋淡化，自治权也逐渐丧失。在中国古代乡村治理模式的演变过程中，不难发现，由于中国古代历代封建王朝都是以农业社会为主的，统治者为了达到对土地和人口更有效更直接的控制，一直都在通过各种方式控制乡村，目的都在于能够以最小的成本来攫取乡村最大的资源，以夯实统治基础，加强中央集权。

第二节　乡村治理现代化展望

一、乡村治理现代化的推进策略

（一）加强农村基层党组织能力建设

加强村级党组织服务能力建设，促进基层党组织的服务现代化，需进行服务制度创新、提升服务意识、调整服务内容以满足时代发展的需求，促进服务载体建设，创建良好的服务环境。具体可从以下几方面来实现。

建构完善村级党组织服务体系。更新服务理念，秉持适度性和主导性相结合的原则，建构一个主体多元化、内容层次化、秩序规则化的乡村公共服务体系。所谓的"适度"就是强调村级党组织在乡村服务主体多元化的背景下，要明确自身服务的边界，适度而为和量力而行，充分激发各个服务主体的内在活力。"主导"就是村级党组织要对乡村服务的格局和基本秩序进行调控。村级党组织提供有效服务的能力不仅仅表现为自身怎么做，还表现为村级党组织能否对整个乡村服务格局进行必要的协调和引导，以保障其基本秩序和发展方向。一方面，村级党组织要适应农村服务主体多元化的趋势，发挥必要的协调和引导作用；另一方面，村级党组织要主动培育不同类型的服务组织，逐步填补服务覆盖上的"空白点"，确保农村公共服务的层次性和适应性。

提高服务意识，解决为谁服务的问题。一是要加强宣传，教育引导基层干部和党员牢固树立"领导就是服务、指导就是帮助"的意识，不断强化他们为民服务的自觉性。二是加强教育培训，围绕"愿服务、懂服务、会服务"，努力培养服务型党员、服务型干部，建设服务型领导班子，在帮助党员干部提高服务能力、增长服务技能的同时，提高对建设服务型基层党组织的认识。

促进村级党组织服务制度完善与机制创新。完善"双联"工作机制，一个党员领导干部联系几个党员，一个党员联系一户或几户群众，从点到面，责任到位，逐步覆盖，切实解决群众的实际困难。完善群众利益和意见表达机制，严格落实农村党员议事会、"六议工作法"制度，建立党代表、人大代表、政协委员联系农村基层制度，探索建立社区事务听证会制度，引导群众理性合法表达利益诉求，提升农村基层矛盾预防化解能力。深入推进群众评议机制，将群众评议结果作为党员干部考核奖惩、选拔任用、评优评先的重要依据，切实发挥评议的导向性作用，推动基层服务型党组织建设各项工作真正落到实处。

优化服务内容与服务方式，解决"为谁服务，服务什么，怎样服务"的问题。深入了解群众需求，想群众所想，急群众所急，明群众所需，摒弃"形象工程""政绩工程"，为群众提供更优质的服务。不断拓展和深化服务内容，努力为群众提供有针对性的、多层次性的服务，为基层群众的合法维权提供法律和政策服务，为基层群众提供健康的精神文化服务、优良的社会环境服务和及时的心理疏导服务。同时，依据社会发展需求，继续实施"第一书记"乡村治理模式。

搭建全方位、多层次、综合性服务平台。建立高效便捷的党员服务站点。根据农民群众在生产、生活、医疗、文化等各方面的服务需求，建立专门服务中心，如农村政策咨询中心、文化活动中心、创业服务中心、医疗卫生服务中心、基本生活保障中心等，为农民群众提供全方位服务，丰富党组织的服务内容，拓展党组织的服务功能。构建多层次服务网络，实现"一站式"便民服务，实现服务网络立体化全覆盖，做到"办小事不出村、办大事不出镇"。建立农村党建信息化服务平台，通过网络信息化平台，实现党建信息管理、思想教育、服务功能一体化建设，为广大党员、党务工作者和群众了解党建信息、交流党建经验、研讨党建理论提供信息渠道，切实增强党组织运用信息技术服务党员和群众的能力。

（二）全面发掘治理资源

一是要发掘乡村治理的人才资源。要注重从农村致富能手、专业合作组织负责人、外出务工经商返乡的党员、复员退伍军人、优秀民营企业经营管理人才中选拔思想政治素质好、发展致富能力强、协调管理能力强的优秀党员为村党组织书记，打造一支能力素质高的乡村治理人才队伍。

二是要发掘乡村治理的财政资源。政府要落实支农政策，加大财政投入，继续增加支农资金的投入，在主导产业和优势产品做大做强的基础上，按照"公司+基地+农户"和订单产业化的运作模式，加强专业合作社建设，培育市场中介，树立市场品牌。基层农业部门、农技部门等可以利用人才、技术优势发展为专业合作组织，此外也可以通过成立行业协会等将农民组织起来进行农业的现代化建设。坚持把基础设施建设和社会事业发展的重点转向农村。

三是要发掘乡村治理公共服务资源。公共服务问题的复杂性决定了必须综合选择不同的治理工具来解决某一公共问题。这就意味着在农村公共产品供给和公共服务方面，政府并不是唯一的提供者，要改革农村公共服务供给机制，有力引导市场和社会力量积极支持社会主义新农村建设。政府要在明晰一定产权关系的前提下，给予适当的政策优惠和经济补贴，鼓励乡村社会积极进行招商引资，兴办企业，保证增加积累和增强经济实力，并在此基础上提升乡村集体投入农村公共产品的能力，可以采取公办民助、民办公助、公退民进等方式积极引进民间投资，支持企事业、中介组织、个人等社会资金进入农村公共产品，从而达到扩大农村公共产品融资方式的目的，通过公共服务市场化，由市场主体供给部分农村公共产品与公共服务。

（三）深化村民自治实践

坚持自治为基，加强农村群众性自治组织建设，健全和创新村党组织领导的充满活力的村民自治机制。推动村党组织书记通过选举担任村委会主任。发挥自治章程、村规民约的积极作用。全面建立健全村务监督委员会，推行村级事务阳光工程。依托村民会议、村民代表会议、村民议事会、村民理事会、村民监事会等，形成民事民议、民事民办、民事民管的多层次基层协商格局。推动乡村治理重心下移，尽可能把资源、服务、管理下放到基层，继续开展以村民小组或自然村为基本单元的村民自治试点工作。加强农村社区治理创新，创新基层管理体制机制，整合优化公共服务和行政审批职责，打造"一门式办理""一站式服务"的综合服务平台。在村庄普遍建立网上服务站点，逐步形成完善的乡村便民服务体系。大力培育服务性、公益性、互助性农村社会组织，积极发展农村社会工作和志愿服务。集中清理上级对村级组织考核评比多、创建达标多、检查督查多等突出问题。

（四）完善社会协同、多元参与的乡村治理体系

多元治理，一方面要革新基层政府运作，重塑政府间关系；另一方面更要激活乡村民间力量，重建政府与社会的关系，着力探讨乡村民间组织治理参与机制。首先，明确不同主体的权力、责任和能力。政府是多元治理的"协调者"，为村民自治和多元治理提供必要的制度保障与政策支持；村委会积极做好公正参与的"组织者"，尽可能地动员村民参与到村务管理中；社会组织要发挥本身的优势，积极参与到村民自治中，做好政府部门、村委会和村民之间的纽带桥梁；村民要积极主动参与村民自治，行使属于自己的民主权利。其次，完善多方参与自治的动力机制。培育社会组织，提高村民参与自治的组织化程度；加强宣传，提高村民的民主意识和参与意识；加强教育培训，提高村民参与治理的能力；积极拓宽多方参与治理的渠道。

在参与方式上，积极推进网上参与、网上议事、网上决策、网上监督等，使更多的村民参与到自治中；在组织形式上，依据实际情况，成立新的专业自治组织，承担相应的自治权责，对现有组织形式进行补充完善。

同时，要完善多方参与自治的制度保障。政府指导完善村庄村务自治管理中所需的各项会议制度、财务管理制度、工作制度、村干部考评制度等，明确相关人员的职责和群众的权利义务，按章办事，保障群众参与村务管理的权利得到实现。只有政府、社会组织、村民三者在制度上建构成合作互补的伙伴关系，才能解决当前乡村治理面临的制度与行动的张力问题。

（五）健全农村公共法律服务体系

加大农村普法力度，维护好村民委员会、农村集体经济组织、农村合作经济组织的特别法人地位和权利，加强对农民的法律援助和司法救助。进一步加强农村社会治安综合治理工作，推动社会治安防控力量下沉。深入开展扫黑除恶专项斗争，严厉打击农村黑恶势力、宗族恶势力，对黑恶势力背后的关系网一律一挖到底，对黑恶势力的保护伞一律一查到底。健全农村公共安全体系，积极开展安全生产宣传进农村活动，持续开展农村安全隐患治理，坚决遏制重特大安全事故。

（六）提升乡村德治水平

中国共产党自成立以来，就非常重视道德教育，始终秉持全心全意为人民服务的宗旨，以马克思主义为指导，批判地继承了中国优秀传统德治思想，形成了中国特色社会主义德治思想。当前，中国特色社会主义已经进入新时代，社会主要矛盾的深刻变化对新时代的乡村治理提出了新的要求。在实施乡村振兴战略过程中，要妥善解决当前乡村治理中面临的各种现实问题，必须积极发挥乡村治理中的德治功能。

要深入挖掘乡村熟人社会蕴含的道德规范，结合时代要求进行创新，强化道德教化作用，引导农民向上向善、孝老爱亲、重义守信、勤俭持家；建立道德激励约束机制，引导农民自我管理、自我教育、自我服务、自我提高，实现家庭和睦、邻里和谐、干群融洽；广泛开展好媳妇、好儿女、好公婆等评选表彰活动，开展寻找最美乡村教师、医生、村干部、家庭等活动；深入宣传道德模范、身边好人的典型事迹，弘扬真善美，传播正能量。

第二章　中国农业的转型升级

伴随快速的工业化、城镇化进程，中国的农业份额大幅下降，农业投入结构发生巨大变化，农业发展方式也出现根本改变。本章即对中国现代农业的由来与发展加以分析，同时对中国智慧农业环境构建与经营管理、中国绿色农业经济战略进行探讨。

第一节　中国现代农业的发展

一、中国现代农业的发展

（一）中国现代农业发展的积极意义

1. 提高农业效率

发展现代农业，就是要努力实现农产品增产、农民增收和农业多个发展目标。这既是实现农村生活宽裕的重要途径，又是实现乡风文明、村容整洁、管理民主的重要基础，也是社会发展对农业的要求。可以说，现代农业建设进程快慢、成果大小，决定着新农村建设的进展和成效。现代农业与传统农业的不同点之一是传统农业强调农业的增产，要求生产更多的农产品，为此，传统农业常常需要投入更多的人力和物力；现代农业强调在农业增产的同时实现农民增收，实现这一目标的关键是提高农业生产的效率，在不增加或少增加投入的同时，使农业的产出大幅度增加。

2. 加快农业进步

发展现代农业，是从根本上解决农业发展滞后、难以适应工业化和城镇化需要的重要举措。近年来，我国农业和农村工作形势很好，但也面临若干挑战。当前，我国农业基础设施依然薄弱，农民稳定增收依然困难，农村社会事业发展依然滞后，城乡经济社会发展失衡、差距继续拉大等基本状况尚未根本改变，农业仍然是国民经济中最薄弱的环节，特别是在人增、地减、环境变差的情况下，要继续发挥农业对国民经济的支撑作用难度越来越大。因此，使我国农业完成从传统农业向现代农业的转变，大力发展现代农业，需要从技术进步入手，以现代科技解决我国农业生产中的新问题，通过新的技术手段，在保证生产效率提高和环境优化的同时，向社会提供更好更多的农产品及新型服务。

3. 保证粮食安全

发展现代农业，是保障我国粮食安全的根本途径。粮食安全是实现经济增长、社会发展的前提和基础。多年来，我国农业以占世界7%的土地，解决了世界上约20%人口的吃饭问题，这是一个非常了不起的成就。尽管当前我国的粮食生产问题解决得比较好，实现了总量平衡、丰年有余，但由于人口增长和社会建设的发展，粮食需求日益增加，耕地逐年减少，能源供应日趋紧张，从长远看，保障粮食安全仍然面临巨大压力。只有加快建设现代农业，依靠科学技术进步，走"稳定面积、提高单产"的路子，才有助于全面提高粮食综合生产能力，提高农业综合效益，从根本上夯实粮食增收的基础，确保国家粮食安全。

4. 加快工业化、城镇化进程

现代农业的发展水平直接关系到工业化、城镇化的发展进程。农业的现代化表现之一是：在农业产量增加的同时，全社会从事农业的劳动力总量和比例要不断减少。如果农业现代化搞不上去，不仅会制约农业和农村经济的健康发展，也势必会拖工业化、城镇化和整个国民经济的后腿。因此，加快发展现代农业，既抓住了推进社会主义新农村建设的关键，又适应了整个国民经济的发展要求。

5. 促进环境的良性循环

现代农业是大规模、现代化的商品农业，由于生产的机械化、社会化程度高，各方面的投入较多，与传统农业相比，对环境的影响也更大。在现代农业的发展中，除了要保证更高的投入产出比，取得更好的经济效益外，还需要注重农业对生态环境的影响，保证现代农业的可持续发展，使生态环境在现代农业发展中实现良性循环。

（二）中国现代农业发展的未来方向

1. 拓展农业空间

传统农业以土地为主要生产对象，而在科学技术不断发展的今天，工厂化农业、海洋农业、沙漠农业、太空农业、非耕地高效农业的出现，代表着现代农业的空间范围已经逐步脱离土地的限制，生物技术、信息技术、新材料与能源技术等新技术不断革新与转化应用使农业逐步摆脱土地的限制。

工厂化农业是一种通过工厂化组织方式安排农产品生产的设施农业，广泛应用于农业生产的许多领域，具有高效率、高产出、高效益等特点。工厂化农业采用现代化生产装备、先进技术和科学管理方法，可以摆脱自然条件的制约和影响，改善劳动者的生产环境和工作条件，提高劳动效率和农业生产水平。

海洋农业是指通过培育、养殖、捕捞等方式从丰富的海洋资源中获取人类所需的动植物食品和工业原料的生产活动，主要包括海洋渔业和海水灌溉农业两大部分。现阶段海洋渔业是海洋农业的主要部分，包括海洋动物捕捞和养殖业、海洋植物种植栽培业。海水灌溉则是指在沿海湿地滩涂通过海水灌溉来种植通过现代生物技术培育出的耐盐碱作物的方式，能有效地组合利用丰富的海水资源和沿海湿地滩涂，既能节约淡水，又能拓展耕地。中国仅沿海的滩涂就有200多万公顷，也就是3000多万亩，盐生植物有400多种，发展海洋农业具有天然优势。

沙漠农业是指在沙漠地区利用引水、输水和节水等现代科学技术对沙漠环境进行改造，同时利用沙漠环境阳光足、温度高温差大、土壤透气好的优点，栽种适宜的农作物的农业。沙漠地区干旱少雨，节水技术成为影响沙漠农业发展的关键。此外，还可以通过科学技术改良作物品种，使之适应沙漠地区的气候、土壤和水等自然环境，让农业科技创新成果真正服务于农业，提高农业生产效率。

太空农业是指利用航天技术，通过卫星或高空气球携带作物种子、微生物菌种、昆虫等样品，利用太空环境使样品产生变异，再回到地面选育新品种的空间诱变育种或者利用卫星和空间站在太空环境下对农产品进行生产的农业。

非耕地高效农业是现代农业的有机组成部分，指利用现代科学技术和装备，通过现代组织管理和经营方式在不适于耕作的土地上（如砂石地、盐碱地城市闲置空间）进行生产的方式，使不适于耕作的土地能够产生较好的经济效益、社会效益和生态效益。城市非耕地农业在闲置的非耕地利用温室大棚等现代农业基础设施发展果蔬等特色农产品，可以利用零碎的都市空间发展立体农业，也可以在改善城市生态环境的同时进行适量新鲜蔬菜的补给。

2. 完善现代农业产业体系

现代农业产业体系是集食物保障、原料供给、资源开发、生态保护、经济发展、文化传承、市场服务等产业于一体的综合系统，它包括农产品产业体系、多功能产业体系和现代农业支撑产业体系。调整优化种植结构，建设现代农业产业体系，首先要推进以玉米为重点的种植业结构调整。稳定冬小麦面积，扩大专用小麦面积，巩固北方粳稻和南方双季稻生产能力。实行粮改豆、粮改饲，推进种养结合。在棉花、油料、糖料、蚕桑优势产区建设一批规模化、标准化生产基地。推动马铃薯主食产业开发。稳定大中城市郊区蔬菜保有面积，确保一定的自给率。在海南、广东、云南、广西等地建设国家南菜北运生产基地，切实增强城市"菜篮子"产品应急保障能力。其次，大力发展农产品加工和流通业，推动第一、二、三产业融合发展。充分发挥农业"接二连三"功能，加强内外联动，延伸产业链、打造供应链、形成全产业链，推动三产深度融合。加强政府对农产品加工业与流通业的宏观政策指导，包括要制定农产品加工与流通业发展规划等，搞好产业布局，避免重复建设和恶性竞争等，为现代农业发展提供良好环境。主攻和推介一批国内国际领先的农产品精深加工新装备和新技术，不断推动农产品加工向纵深发展；着力延伸产品链、价值链和产业链，实现农产品多重转化增值。优化龙头企业扶持政策，强化金融支持，引导企业向优势产区集中，形成一批联系紧密的产业集群，提高农业全产业链效益。强化流通基础设施建设和产销信息引导，大力发展冷链体系和生鲜农产品配送。发展新型流通业态，推进订单生产和"农超对接"，落实鲜活农产品运输"绿色通道"政策，降低农产品流通成本。规范和完善农产品期货市场。积极拓展农业多种功能，着力挖掘农业的生态价值和文化价值，加快发展乡村旅游。要用好"互联网+"现代农业，通过物联网、移动互联等现代信息技术，助推农业生产的改造升级。

3. 推动农业产业服务社会化

为农业生产提供一系列关于设施、技术、信息等相关的服务都可以被称为农业社会化服务。在传统农业中，农户自己可以完成简单的农业生产环节，生产效率很低，能够完成耕种的土地数量也很有限。随着经济的发展，产品技术的复杂程度与市场要求的日益增加，专业化分工也更加深入，农业经营主体简单的农业生产已不能满足市场需求。为了提高生产经济效率，农业经营主体需要专业服务组织提供各种各样的社会化服务，满足其生产所需，获取有效市场信息，提高经营性收入。

随着社会经济的发展，农业产业社会化服务呈现全方位、多层次的特点。在服务对象上，由单独向农户提供服务向大面积区域提供服务转变；在内容上，由简单的提供农用机械等单项服务到提供"从种到收、从产到销"等一系列服务转化；在服务主体方面，政府等涉农部门引导多元化农业服务机构发展，积极引导多类型的农业社会化服务组织，针对农民最需求的生产环节和销售环节中的社会化服务加以政策扶持和资金投入，提高服务质量和内容，切实解决农民生产经营中遇到的问题；在服务管理上，对服务质量统一标准，明确奖惩手段，引进和培育专业化管理人才，提高服务专业化水平。

农业产业服务社会化是帮助解决"三农"问题、实现乡村振兴的重要手段。党的十九大报告指出要构建现代农业产业体系、生产体系、经营体系，完善农业支持保护制度，发展多种形式适度规模经营，培育新型农业经营主体，健全农业社会化服务体系，实现小农户和现代农业发展有机衔接。2019年，中央"一号文件"也指出加快培育各类社会化服务组织，为一家一户提供全程社会化服务，要调整优化农业结构，推进农业由增产导向转向提质导向。建立健全农业产业社会化服务体系有助于解决"三农"问题，提高农业生产效率，调整农业产业结构，促进现代农业深入发展。

4. 深化农村改革

深化农村改革，着力聚焦农村集体产权制度、农业经营制度、农业支持保护制度、城乡发展一体化体制机制和农村社会治理制度五大领域改革。积极推进农村集体资产确权到户和股份合作制改革，赋予农民对集体资产股份占有、收益、有偿退出及抵押、担保、继承权。稳妥推进农村土地征收、集体经营性建设用地入市、宅基地制度改革等试点，完善集体林权制度，引导林权规范有序流转，鼓励发展家庭林场、股份合作林场。深化农村土地承包经营制度改革，健全耕地保护和补偿制度。深化农业经营制度改革，推动土地经营权规范有序流转。尊重农民选择，发展土地流转、土地托管、土地入股等多种形式的适度规模经营。健全工商资本租赁农地的监管和风险防范机制，创新农业社会化服务机制，培养职业农民队伍。深化农业支持保护制度，加大农业支持保护力度，提高农业支持保护效能，完善农业生产激励机制，加快形成覆盖全面、重点突出的农业支持保护制度。建立农业农村投入稳定增长机制，完善农产品价格形成机制、农产品市场调控制度和农业补贴制度。深化城乡一体化体制机制改革。城乡一体化就是要求城乡经济权利、政治权利的平等，给农民一个平等的国民待遇。只有破除城乡二元体制机制，在推进城乡要素平等交换和公共资源均衡配置方面取得重大突破，才能让农民共享发展成果，才能够不断激发农村的发展活力。深化农村社会治理改革，从偏重于生产力发展到同时促进上层建筑完善等方面实现根本性转变的有效途径，使农村基层组织在新一轮改革中顺利实现变革和新生。

第二节　中国智慧农业环境构建与经营管理

一、智慧农业的内涵及其作用

（一）智慧农业的内涵

智慧农业是物联网、移动互联网、云计算、大数据等现代信息技术发展到一定阶段的产物，是现代信息技术与农业生产、经营、管理和服务全产业链的"生态融合"和"基因重组"。在传统模式无法解决农业面临的种种问题时，互联网凭借其强大的流程再造能力让农业获得了新的机会。通过互联网技术和思维的应用，可以从生产、营销、销售等环节彻底升级传统农业产业链，提高效率，改变产业结构，最终发展成为克服传统农业种种弊端的新型"智慧农业"。

1. 智慧生产

主要通过全面感知、可靠传输、先进处理和智能控制等物联网技术的运用，来解决"谁来种地"问题，提高土地产出率、资源利用率和劳动生产率，能够实现对农业生产的全程控制，解决种植业和养殖业各方面的问题。基于互联网技术的大田种植向精确、集约、可持续转变；基于互联网技术的设施农业向优质、自动、高效生产转变；基于互联网技术的畜禽水产养殖向科学化管理、智能化控制转变，最终可达到合理使用农业资源、提高农业投入品利用率、改善生态环境、提高农产品产量和品质的目的。

2. 智慧经营

主要是利用电子商务提高农业经营的网络化水平，为从事涉农领域的生产经营主体提供在互联网上完成产品或服务的销售、购买和电子支付等业务，来解决"农产品买难卖难"问题，通过现代信息技术实现农产品流通扁平化、交易公平化、信息透明化，建立最快速度、最短距离、最少环节、最低费用的农产品流通网络。

3. 智慧管理

主要是通过云计算、大数据等现代信息技术，推动种植业、畜牧业、农机农垦等各行业领域的生产调度，推进农产品质量安全信用体系建设，加强农业应急指挥，推进农业管理现代化，提高农业主管部门在生产决策、优化资源配置、指挥调度、上下协同、信息反馈等方面的水平和行政效能，来解决"农业管理高效和透明"问题。

4. 智慧服务

互联网是为广大农户提供实时互动的"扁平化"信息服务的主要载体，互联网的介入使得传统的农业服务模式由公益服务为主向市场化、多元化服务转变。互联网时代的新农民不仅可以利用互联网获取先进的技术信息，也可以通过大数据掌握最新的农产品地理分布、价格走势，从而结合资源情况自主决策农业生产重点。通过互联网可以解决"农村信息服务最后一公里"问题，让农民便捷灵活地享受到需要的各种生产生活信息服务。

（二）智慧农业的作用

1. 有效改善农业生态环境

将农田、畜牧养殖场、水产养殖基地等生产单位和周边的生态环境视为整体，并通过对其物质交换和能量循环关系进行系统、精密运算，保障农业生产的生态环境在可承受范围内。例如，定量施肥不会造成土壤板结，经处理排放的畜禽粪便不会造成水和大气污染，反而能培肥地力等。

2. 显著提高农业生产经营效率

基于精准的农业传感器进行实时监测，利用云计算、数据挖掘等技术进行多层次分析，并将分析指令与各种控制设备进行联动完成农业生产、管理。这种智能机械代替人的农业劳作，不仅解决了农业劳动力日益紧缺的问题，而且实现了农业生产高度规模化、集约化、工厂化，提高了农业生产对自然环境风险的应对能力，使弱势的传统农业成为具有高效率的现代产业。

3. 转变农业生产者、消费者观念和组织体系结构

完善的农业科技和电子商务网络服务体系，使农业相关人员足不出户就能够远程学习农业知识，获取各种科技和农产品供求信息；专家系统和信息化终端成为农业生产者的大脑，指导农业生产经营，改变了单纯依靠经验进行农业生产经营的模式，彻底转变了农业生产者和消费者的传统农业观念。另外，智慧农业阶段，农业生产经营规模越来越大，生产效益越来越好，迫使小农生产被市场淘汰，必将催生以大规模农业协会为主体的农业组织体系。

二、中国智慧农业的环境构建

（一）构建良好的组织领导体系

推动农业协调发展必须加强组织领导，要制定严格的制度，为智慧农业发展提供良好的组织领导环境。建立"互联网+"现代农业行动实施部际

联席会议制度，统筹协调解决重大问题，切实推动行动的贯彻落实。联席会议设办公室，负责具体工作的组织推进。建立跨领域、跨行业的"互联网+"现代农业行动专家咨询委员会，为政府决策提供重要支撑。瞄准农业农村经济发展的薄弱环节和突出制约，把现代信息技术贯穿于农业现代化建设的全过程，充分发挥互联网在繁荣农村经济和助推乡村振兴中的作用，加快缩小城乡数字鸿沟，促进农民收入持续增长。

（二）完善基础设施，夯实发展根基

首先，加强对先进网络信息技术的应用，推动以移动互联网、云计算、大数据、物联网为代表的新一代互联网基础设施的建设。以应用为导向，推动"互联网+"基础设施由信息通信网络建设向装备的智能化倾斜，加快实现农田基本建设、现代种业工程、畜禽水产工厂化养殖、农产品贮藏加工等设施的信息化。构建基于互联网的农业科技成果转化应用新通道，实现跨区域、跨领域的农业技术协同创新和成果转化。

其次，推动智慧农业平台建设，充分利用互联网等现代技术，提高农业生产经营的智能化水平。把实体店与电商有机结合，使实体经济与互联网产生叠加效应。加快完善农村物流体系，加强交通运输、商贸流通、农业、供销、邮政等部门和单位及电商、快递企业对相关农村物流服务网络和设施的共享衔接。加快实施信息进村入户工程，搭建信息进村入户这条覆盖三农的信息高速公路，把数十万个行政村连起来，把农业部门政务、农业企业、合作社衔接起来，吸引电商、运营商等民营企业加入进来，为农民提供信息服务、便民服务、电子商务，实现农民、村级站、政府、企业多赢。

（三）加强人才培养，提供智力支撑

推动农业现代化建设，加快智慧农业发展，最基础也是最核心的力量就是人才，因此，必须加强人才的培养，为智慧农业发展提供良好的人才环境，为农业发展输送具有较强现代信息能力和现代农业和市场营销能力的复合型服务人才。一是实施农村电子商务百万英才计划。对农民、合作社和政府人员等进行技能培训，增强农民使用智能手机的能力，积极利用移动互联网拓宽电子商务渠道，提升为农民提供信息服务的能力。有条件的地区可以建立专业的电子商务人才培训基地和师资队伍。努力培养一批既懂理论又懂业务、会经营网店、能带头致富的复合型人才。二是加强高端人才引进。通过人才引进政策和待遇落实机制，吸引专家学者、高校毕业生等网络信息人才投身"互联网+"现代农业，形成一批应用领军人才和创新团队。

同时，应该建设并完善储备梯次人才体系，以此为智慧农业发展提供足够的人才储备。这就要求做到以下几点：一是完善农业农村信息化科研创新体系，壮大农业信息技术学科群建设，科学布局一批重点实验室，依托国家"千人计划""长江学者奖励计划""全国农业科研人才计划"等人才项目，加快引进信息化领军人才。加快培育领军人才和创新团队，加强农业信息技术人才培养储备；二是建立完善科研成果、知识产权归属和利益分配机制，制定人才、技术和资源及税收等方面的支持政策，提高科研人员特别是主要贡献人员在科技成果转化中的收益比例；三是实施网络扶智工程。充分应用信息技术推动远程教育，加强对县、乡、村各级工作人员的职业教育和技能培训。支持"三支一扶"人员等基层服务项目参加人员和返乡人学生开展网络创业创新，提高贫困地区群众就业创业能力。

（四）推进自主先进的技术生态体系建设

发展智慧农业的重要基础是运用各种先进技术，因此必须构建良好的基础生态体系，为其发展提供良好的技术环境。第一，要按照农业发展的实际需要列出核心技术发展的详细清单和规划，实施一批重大项目，加快科技创新成果向现实生产力转化，形成梯次接续的系统布局；第二，围绕智慧农业，推进智能传感器、卫星导航、遥感、空间地理信息等技术的开发应用，在传感器研发上，瞄准生物质传感器，研发战略性先导技术和产品，研发高精度、低功耗、高可靠性的智能硬件、新型传感器；第三，围绕农业监测预警，加强农业信息实时感知、智能分析和展望发布技术研究，时刻研判产业形势，洞察国内外农产品市场变化，提升中国农业竞争力和话语权；第四，构建完整的农业信息核心技术与产品体系，打造"互联网+"现代农业生态系统。围绕"三农"需求加快云计算与大数据、新一代信息网络、智能终端及智能硬件三大领域的技术研发和应用，提升体系化创新能力。

（五）推动产业协同创新

推动智慧农业发展，需要加强农业与其他产业的协同创新，以此实现农业的产业链延伸,并推动农业更好地实现智能化。第一,构建产学研用协同创新集群,创新链整合协同、产业链协调互动和价值链高效衔接,打通技术创新成果应用转化通道;第二,推进线上线下融合发展行动,推动商业数据在农业产供销全流程的打通、共享,支持数据化、柔性化的生产方式,探索建立生产自动化、管理信息化、流程数据化和电子商务四层联动、线上线下融合的农业生产价格模式;第三,完善城乡电子商务服务体系,加大政府推动力度,引导电子商务龙头企业与本地企业合作,充分利用县乡村三级资源,积极培育多种类型、多种功能的县域电子商务服务,形成县域电子商务服务带动城乡协调发展的局面;第四,依托电子商务对接大市场,发展特色产业、特色旅游,助力乡村振兴。

三、中国智慧农业的经营管理

(一)智慧农业的经营模式

随着农村互联网的应用普及,一些政府部门搭建信息服务平台,定期举办产品交流会,让消费者和生产者直接进行对接,使生产者能够通过网络寻找客户、了解农产品信息,实施网上交易。同时,政府部门加强指导和监督,制定相关的政策和措施,建立农产品质量标准体系,保证了农产品能够顺利进行交易,形成了农业推广经营服务的新模式。智慧农业经营就是用先进管理办法来组织现代农业的经营,把农业生产、加工、销售环节连接起来,把分散经营的农户联合起来,有效地提高农业生产的组织化程度,把农业标准和农产品质量标准全面引入农业生产加工、流通的全过程,增强农业的市场竞争力。智慧农业在农业推广经营服务中的应用主要包括以下几种模式。

1. 农管家互联网服务平台

农管家是服务于专业大户、家庭农场、农民合作社等新型农业经营主体的现代农业生产App(安装在智能手机上的客户端软件),致力于用互联网整合农业供应链,打通上下游及周边服务,提升新型农业生产经营主体的经营理念和效益,帮助其快速发展的一种"互联网+社群"服务平台。

该平台通过设置权威专家、农艺师、一线专家的三层专家体系，将最先进、最实用的农技课程进行层层传递。农户可在平台上自由创建讨论群组，建立自己的交流圈子。并可通过手机上传图片，描述作物生长情况和病情，几分钟后便得到平台专家的解答，尤其通过农管家互联网服务平台，搭建农产品收购商和新型农业经营主体的桥梁，提供农业金融、农资团购等服务，逐渐形成以农技服务为切入口，以综合性农业生产服务为目标的移动互联网平台，让农产品高效地流通起来。

2. 农资农产品电子商务模式

农资农产品电子商务是指在互联网开放的网络环境下，买卖双方不谋面而进行的农资农产品商贸活动，实现消费者网上购物、商户间网上交易、在线付款或货到付款、线下配送的一种新型农资农产品商业运营模式。目前农资农产品电子商务平台很多，例如淘宝、中国农产品网、中国惠农网等。

（1）农产品电商模式的类别

从平台的角度看，农产品电商模式主要有政府农产品网站、农产品期货市场网络交易平台、大宗商品电子交易平台、专业性农产品批发交易网站和农产品零售网站五种。

从农产品流通渠道，尤其生鲜农产品流通渠道看，电商模式主要有C2B／C2F模式（消费者定制/订单农业，consumer to business／customer to factory）、B2C模式（商家到消费者，business to consumer）、B2B模式（商家到商家，business to business）、F2C模式（农场直供，farm to consumer）、O2O（online to offline）模式、CSA模式（社区支持农业，community supported agriculture）、G2C模式（政府通过涉农网站为农产品企业提供信息服务，government to citizen）等。

从采用的网络工具看，电商采用模式主要有自建电商平台、借助公共平台、委托电商平台代办、合作共建平台和"三微"（微博、微信、微店）五种。

结合各地农产品电商发展的具体情况，可总结出种类繁多、各具地方特色的农产品电商模式。目前主要有以"生产方+网络服务商+网络分销商（或协会+网商）"为特色的浙江丽水市遂昌模式，以"农户+网络+公司（或+工厂+农民网商）"为特色的江苏徐州市沙集模式，以专业市场+电子商务的河北邢台清河模式，以"农户+网商"为特色的甘肃陇南成县模式等。

（2）农资电商模式的类别

多年来，农资产品的客户主要是农资加盟连锁店、专业大户和专业合作社，农资产品的获得主要通过代销或直销渠道。近年来，随着信息化、城镇化和现代化的发展，农资的网络营销开始有了较大发展。现有的农资电商模式主要是B2B、B2C等，这些模式在农资行业存在一些不足之处，诸如物流、售后、配套的技术与信息不能满足客户的需求，在网络上进行的交易不能让文化程度普遍较低的农民信任，等等。

农资电商模式发展的方向是打造打通农业上下游产业链的第三方O2O电子商务平台，发展适合我国农资网络营销的O2O和社会化服务相结合的多主体参与的新模式。

（二）智慧农业的经营管理平台

1. 新型农业经营主体服务平台

改革开放以来，我国农业发展环境发生了天翻地覆的变化，城镇化进程推进、农村劳动力减少、劳动力成本上升，同时政府还制定了国家土地流转政策，这些转变促进我国农业从土地高度分散、家庭个人作业方式为主、产业化程度低的发展模式，逐渐向集约化的规模农业进行转变。由此，新型农业经营主体（合作社、种植大户等）将成为未来现代农业发展的中坚力量。

推进农业现代化发展要求构建新型农业生产经营体系，也就是说必须根据农业发展要求创新农业生产经营机制，以此为基础，探索出一条生产技术先进、适度规模经营、市场竞争力强、生态环境良好的新型农业现代化道路。农业的转型升级必须依靠科技创新驱动，转变农业发展方式。要把现代社会中各种先进适用的生产要素引进和注入农业，从过度依赖资源向依靠科技人才、劳动者素质等转变。培育新型农业生产经营体系，首先，是支持和培育种养殖大户、农民专业合作社、家庭农场、农业企业等新型生产经营与产业主体，它们是未来农业生产的主要承担者，是实现农业现代化的主力；其次，要依靠科技来发展农业，把物联网作为现代农业发展的重要渠道、平台和方向，加大研发、推广与应用力度；最后，应该充分考虑生态环境可持续发展这一重要问题，推动农业现代化建设，发展智慧农业，必须协调并兼顾农业高产高效与资源生态永续利用，以有效解决资源环境约束为导向，大力发展资源节约型和环境友好型农业。通过构建新型农业生产经营体系，必然会为现代农业发展与农业现代化的实现插上翅膀，让百姓富与生态美在发展现代农业中得以有机统一。

现代农业相较于传统农业对新型农业经营主体提出了更高的要求，传统农业中，农业生产个体户通常只重视农产品的种植，但现代农业则要求他们必须将农业生产的全产业链（采购、生产、流通等）诸多环节进行整合。在新型农业经营主体整体实力较弱的前提下，如何培育新型主体，依靠新兴的力量帮助农业新型主体发展壮大是一个亟待解决的问题。互联网的本质是分享、互动、虚拟、服务，充分发挥互联网的优势，通过互联网技术与外部资源的对接，将打开整体服务于新型农业经营主体的局面。以互联网为依托，构建新型农业经营主体服务平台，将为农民带来更多便利的服务，充分地让新型农业经营主体、农资厂商、农技推广人员等都参与其中，共同实现其价值。

2. 农村土地流转公共服务平台

发展现代农业要求加强土地流转，开展适度规模经营，这是智慧农业经营管理的一项重要内容。土地流转服务体系是新型农业经营体系的重要组成部分，是农村土地流转规范、有序、高效进行的基本保障。建立健全农村土地流转服务体系，需要做到以下几方面。

（1）建立政策咨询机制

由于土地的特殊性质，农村土地流转具有很强的政策性，其与农民的生产生活具有直接关系，因此必须秉承科学决策、民主决策的基本原则。为此，需要建立政策咨询机制，更好地发挥政策咨询在土地流转中的作用。

（2）健全信息交流机制

想要保证土地流转质量高、效率高，就必须建立健全信息交流机制，但我国当前在这方面做得并不完善。当前，我国农民土地流转信息渠道不畅，导致土地转出、转入双方没有充足的选择空间，土地流转范围小、成本高，质量也不尽如人意。相关部门应加强土地流转信息机制建设，适应农村发展要求，着眼于满足农民需要，积极为农民土地流转提供信息服务与指导；适应信息化社会要求，完善土地流转信息收集、处理、存储及传递方式，提高信息化、电子化水平。各地应建立区域土地流转信息服务中心，建立由县级土地流转综合服务中心、乡镇土地流转服务中心和村级土地流转服务站组成的县、乡、村三级土地流转市场服务体系。在此基础上，逐步建立覆盖全国的包括土地流转信息平台、网络通信平台和决策支持平台在内的土地流转信息管理系统。

3. 农业信息监测平台

（1）农业灾害预警

农业生产存在较大的自然风险，受到农业灾害的威胁，因此进行科学有效的农业灾害预警具有重要意义。农业生产与农业灾害有直接联系，一旦发生农业灾害就很可能会对农业生产造成沉重打击，甚至对社会产生一定负面效应。首先，农业灾害会直接对农户的生产生活造成危害。其次，农业灾害导致与农业生产相关的工业、商业、金融等社会经济部门受到影响。资金被抽调、转移到农业领域用于抗灾、救灾，扶持生产或用于灾后援助，解决灾区人民生活问题，导致其他部门的生产计划受到影响，不能如期执行；在建或计划建设项目被推迟，延期或搁置；社会经济处于停滞甚至衰退萧条的状态等，最终影响到国家政权的稳定。综上所述，可以看出对农业灾害进行预警对于增强人们对农业灾害的认识，进一步提前制定相应的减灾决策以及防御措施，保障社会效益具有重要意义。

（2）农产品市场波动预测

农业是国民经济的基础部门，农产品市场价格与民生息息相关，同时还关系着社会稳定。因为，维持稳定的农产品市场价格具有重要意义，这就要求加强农产品市场波动监测预警。

（3）农业生产经营科学决策

智慧农业的发展为农业生产经营的科学决策创造了可能性。科学决策就是指决策者为了实现某种特定的目标，运用各种有效的科学理论和方法，对主观条件进行系统科学的分析,从而作出正确决策。科学决策的根本是实事求是,决策的依据要实在,决策的方案要实际,决策的结果要实惠。

四、中国智慧农业的应用案例——智慧农业大棚

近年来,温室大棚种植为提高人们的生活水平带来极大的便利,得到了迅速的推广和应用。种植环境中的温度、湿度、光照度、CO_2浓度等环境因子对作物的生产有很大的影响,传统的人工控制方式难以达到科学合理种植的要求。

(一)智慧农业大棚的概念

智慧农业大棚旨在通过物联网技术实现农业大棚内的环境实时感知、数据自动统计、设备远程控制、设备自动控制、自动报警、视频监控等功能,帮助大棚种植实现数字化和自动化,实现无人值守、高产量和可复制。

智慧农业大棚系统通过实时采集农业大棚内空气温度、湿度、光照、土壤温度、土壤水分等环境参数,根据农作物生长需要进行实时智能决策,并自动开启或者关闭指定的环境调节设备。通过该系统的部署实施,可以为农业生态信息自动监测、对设施进行自动控制和智能化管理提供科学依据和有效手段。

大棚监控及智能控制解决方案是通过可在大棚内灵活部署的各类无线传感器和网络传输设备,对农作物温室内的温度、湿度、光照、土壤温度、土壤含水量、CO_2浓度等与农作物生长密切相关环境参数进行实时采集,在数据服务器上对实时监测数据进行存储和智能分析与决策,并自动开启或者关闭指定设备(如远程控制浇灌、开关卷帘等)。

(二)智慧农业大棚的功能

(1)空气温湿度监测功能:系统可根据配置的温湿度无线传感器,实时监测大棚内部空气的温度和湿度。

(2)土壤湿度监测功能:配有土壤湿度无线传感器,实时监测温室内部土壤的湿度。

（3）光照度监测功能：采用光敏无线传感器来实现对温室内部光照情况的检测，实时性强。

（4）安防监测功能：采用无线入侵探测器，启动后当温室里面有人出现时，探测器便向主控中心发送信号，同时启动光报警。

（5）视频监测功能：通过部署无线Wi-Fi摄像头实时捕获大棚内部的画面，通过光载无线交换机传输给网关处理。用户既可以在控制中心的显示器上看到温室内部的实时画面，又可以通过PC机远程访问的方式来观看温室内部的实时画面。

（6）促进植物光合作用功能：植物光合作用需要光照和二氧化碳。当光照度达到系统设定值时，系统会自动开启风扇加强通风，为植物提供充足的二氧化碳。

（7）空气加湿功能：如果温室内空气湿度小于设定值，系统会启动加湿器，达到设定值后便停止加湿。

（8）土壤加湿功能：当土壤湿度低于设定值时，系统便启动喷淋装置来喷水，直到湿度达到设定值为止。

（9）环境升温功能：当温室内温度低于设定值时，系统便启动加热器来升温，直到温度达到设定值为止。

（10）局域网远程访问与控制功能：物联网通过网关加入局域网。用户可以使用PC机访问物联网数据，通过操作界面远程控制温室内的执行器件，维护系统稳定。

（11）5G网络访问功能：物联网通过无线网关接入5G网络。用户可以用手机访问物联网数据，了解大棚内部环境的各项数据指标（温度、湿度、光照度和安防信息）。

（12）控制参数设定及浏览：对所要实现自动控制的参数（温度、湿度、光照度等）进行设置，以满足自动控制的要求。用户既可以直接操作网关界面上的按钮来完成系统平衡参数的设置，又可以通过PC机或手机远程访问的方式完成参数的设置。

（13）显示实时数据曲线：实时趋势数据曲线可将系统采集到的大棚内的数据以实时变化曲线的形式显示出来，便于观察系统某时间段内整体的检测状况。

（14）显示历史数据曲线：可显示出大棚内各测量参数的日、月、年参数变化曲线，根据该曲线可合理地设置参数，可分析环境的变化对植物生长的影响。

（三）智慧农业大棚的项目需求

在每个智慧农业大棚内部署无线空气温湿度传感器、无线土壤温度传感器、无线土壤含水量传感器、无线光照度传感器、无线CO_2传感器等，分别用来监测大棚内空气温湿度、土壤温度、土壤水分、光照度、CO_2浓度等环境参数。为了方便部署和调整位置，所有传感器均应采用电池供电、无线数据传输。大棚内仅需在少量固定位置提供交流220V市电（如风机、水泵、加热器、电动卷帘）。

（四）智慧农业大棚的设计方案

1. 智能报警系统

（1）系统可以灵活地设置各个温室不同环境参数的上下阈值。一旦超出阈值，系统可以根据配置，通过手机短信、系统消息等方式提醒相应管理者。

（2）报警提醒内容可根据模板灵活设置，根据不同客户需求可以设置不同的提醒内容，最大限度满足客户个性化需求。

（3）可以根据报警记录查看关联的温室设备，更加及时、快速地远程控制温室设备，高效处理温室环境问题。

（4）可及时发现不正常状态设备，通过短信或系统消息及时提醒管理者，保证系统稳定运行。

2. 远程自动控制

（1）系统通过先进的远程工业自动化控制技术，让用户足不出户远程控制温室设备。

（2）可以自定义规则，让整个温室设备随环境参数变化自动控制，比如当土壤湿度过低时，温室灌溉系统自动开始浇水。

（3）提供手机客户端，客户可以通过手机在任意地点远程控制温室的所有设备。

3．历史数据分析

（1）系统可以通过不同条件组合查询和对比历史环境数据。

（2）支持列表和图表两种不同方式查看，用户可以更直观地看到历史数据曲线。

（3）与农业生产数据建立统一的数据模型，系统通过数据挖掘等技术可以分析更适合农作物生长、最能提高农作物产量的环境参数，辅助决策。

4．手机客户端

（1）用户可以通过温室智能监控系统手机客户端，随时随地查看自己负责温室的环境参数。

（2）用户可以使用手机端及时接收、查看温室环境报警信息。

（3）通过手机端，用户可以远程自动控制温室环境设备，如自动灌溉系统、风机、顶窗等。

（五）智慧农业大棚达到的效果

（1）可在线实时24小时连续采集和记录监测点位的温度、湿度、风速、二氧化碳、光照、空气洁净度、供电电压电流等各项参数情况，以数字、图形和图像等多种方式实时显示和记录存储监测信息，监测点位可扩充多达上千个。

（2）可设定各监控点位的温湿度报警限值，当出现被监控点位数据异常时可自动发出报警信号，报警方式包括：现场多媒体声光报警、网络客户端报警、电话语音报警、手机短信息报警等。通过上传报警信息并进行本地及远程监测，系统可在不同的时刻通知不同的值班人员。

（3）系统设计时预留接口，可随时增减硬软件设备，系统只要做少量的改动即可，可以在很短的时间内完成。

（4）数据集中器端提供具有信号输出协议的端口，可接通信设备进行无线传输。

（5）温湿度监控软件采用中文图形界面，实时显示、记录各监测点的温湿度值和曲线变化，统计温湿度数据的历史数据、最大值、最小值及平均值，累积数据。

（6）监控主机端利用监控软件可随时打印每一时刻的温湿度数据及运

行报告。

（7）智慧农业大棚系统具有强大的数据处理与通信能力。采用计算机网络通信技术，局域网内的任何一台电脑都可以访问监控设备，在线查看监控点位的温湿度变化情况，实现远程监测。

（8）系统可扩充多种数据分析处理软件，能进行绘制棒图、饼图，进行曲线拟合等处理，可按Text格式输出，也能进入Excel电子表格等Office软件进行数据处理。

（9）控制软件的编制采用软件工程管理，开放性与可扩充性极强。由于软件化的系统设计思想及系统硬件的模块化、通信网络化设计，系统可根据需要升级软件功能和扩展硬件种类。

第三节 中国绿色农业的经济战略

一、绿色农业的内涵与特征

（一）绿色农业的内涵

绿色农业是指一种有利于环境保护，有利于农产品数量与质量安全，有利于可持续发展的现代农业的发展形态与模式。绿色农业是一定历史条件的必然产物，其不是传统农业的回归，也不是对生态农业、有机农业、自然农业等各种类型农业的否定，而是摒弃各类农业的种种弊端，取长补短，内涵丰富的一种新型的农业，并具有以下内涵。

1. 绿色农业是农业发展的必然选择

地球为人类提供了良好的气候、新鲜的空气、丰富的水源、肥沃的土壤，使人们能够世代繁衍生息。但是，人口剧增，经济发展，使资源遭到了破坏，环境受到了污染，这种对自然资源的伤害，按反馈规律最终都会回报给行动主体的人类本身。于是，人们出于本能和对科学的认识，开始越来越关心健康，注重食品安全，注意保护生态环境。特别是没有污染、没有公害的绿色农产品备受青睐。在这样的背景下，绿色农业及绿色农产品以其固有的优势被广大消费者认同，成为具有时代特色的必然产物。

2. 绿色农业是受到保护的农业

绿色农业既是改善生态环境、提高人们健康水平的环保产业，同时也是需要支援并加以保护的弱质产业。绿色农业尽管没有立法，但是作为绿色农业的特殊产品——绿色农产品是在质量标准控制下生产的。绿色农产品认证除要求产地环境、生产资料投入品的使用外，还对产品内在质量、执行生产技术操作规程等都有极其严格的质量标准，可以说从"土地到餐桌"，从产前、产中、产后的生产、加工、管理、贮运、包装、销售的全过程都是靠监控实现的。因此，绿色农产品较之其他农产品更具有科学性、权威性和安全性，相应地，绿色农业也是受到相关部门保护的农业。

3. 绿色农业是多元结合的综合性大农业

传统农业是自给自足型的小农业，它的优势是节约能源、节约资源、精耕细作、人畜结合、施有机肥、不造成环境污染。但是也存在低投入、低产出、低效益、种植单一、抗灾能力弱、劳动生产率低的弊端。绿色农业是传统农业和现代农业的有机结合，以高产、稳产、高效为目标，不仅增加了劳力、农肥、畜力、机械、设备等农用生产资料的投入，还增加了科学技术、智力、信息、人才等软投入，使绿色农业具有更鲜明的时代特征。绿色农业融第一、二、三产业为一体，以农林牧渔为主体，农工商、产加销、贸工农、运建服等产业链为外延，运用先进科学技术，体现多种农业生态工程元件复式组合，是多元结合的综合性大农业。

4. 绿色农业是农村脱贫致富的有效途径

联合国工业发展组织中国投资促进处，曾多次组织专家到我国绿色食品产业项目所在地进行实地考察。多数项目地区的水质、土壤、大气环境优良，绿色食品原料资源丰富。但由于缺少科学规划、市场信息不灵、科技素质低，一些地区只能出售绿色食品原料，效益不高。实施绿色食品开发之后，这些地区发挥受工农业污染程度较轻、环境相对洁净的资源优势，积极将原料转化为绿色农产品，如此一来，高科技、高附加值、高市场占有率的绿色产业带动了该地区经济的快速发展，这对我国边远山区、经济不发达地区有很强的指导意义。

（二）绿色农业的特征

1. 集约性

绿色农业的一个重要特征就是要千方百计增加农田地面的绿色覆盖，在光、温、水等资源充足的情况下，做到"根不离土，土不离根；一年四季，季季皆绿"。这实际上就是要求集约利用土地资源，保持农田四季常青。在农业生产上，为了做到这一点，必须大力提倡发展间作、混作、套作、复种、轮作相结合的多熟耕作制度，真正实现一田多种、一地多产，四季常绿、全年丰收。

2. 循环性

发展循环经济，是我国21世纪、新阶段经济发展的重要方向。绿色农业，应用绿色技术，发展农业生产，既强调资源的集约利用、节约利用，更强调资源的循环利用。只有走循环利用的路子，方能以最少的投入获取最大的产出。从这一意义上来说，循环性是绿色农业的重要特征，绿色农业是我国21世纪农业发展的重要方向。

3. 清洁性

绿色农业的清洁性包含三层意思：一是绿色农业采用的绿色技术具有清洁性，即在发展绿色农业过程中，无论是种子、肥料、栽培管理措施等，都是对人和环境无害的、安全的、清洁的；二是绿色农业生产出来的初级产品（植物性产品或动物性产品）经过加工、转化，其过程应是清洁的，产品也是无害的、安全的；三是绿色农业在生产、加工和转化过程中，产生的一切副产品、废物等非目的产品均应通过再循环、再利用和无害化处理，从而达到废物不废、变废为宝、资源再生、循环利用。

4. 科学性

绿色农业是建立在现代科学基础上的，具有时代特色。当今世界上出现的绿色产品，无一不是高科技的物化，是传统的农艺精华与先进的高科技成果有机结合的结晶。在生产过程中除保留和继承传统科学的栽培或饲养技术外，还要用高科技手段治理整顿和预防有害自然环境的出现，所使用的优良品种、生物复合肥料、高效低毒少残留农药及其他生产资料都与遗传基因、生物工程等高科技密切联系，使绿色农业的劳动生产率不断提高，产品质量和经济效益越来越好。

5. 协调性

绿色农业的协调性特征体现在两个方面：一是实现生物与环境相协调。绿色农业强调生物的生长与自然环境的协调、共存、共生，强调遵照生物的生态适应性合理布局、合理种植和合理养殖，实行种养结合。二是实现农业及经济的发展与人口、资源、生态、环境的发展相协调。绿色农业，就是要根据人口数量、规模和人民生活水平、生活质量，以及资源、生态、环境等状况来确定农业及经济的发展速度、发展规模、发展模式和发展途径。因此，绿色农业可以实现农业及经济的发展与人口、资源、生态、环境的发展相协调、相平衡，从而有利于构建社会主义和谐社会，真正实现社会经济的全面、协调、可持续发展。

6. 安全性

这是绿色农业的本质特征，主要包括两方面的内容：一是绿色农业生产环境的安全性。在正常情况下，动植物自然再生产中所输入的物质和能量具有一定的自净力和适应力，即人工培育的动植物与土壤、气候等环境之间相互制约、相互促进构成一个自我维系的自然体，在自然力和人的生产活动双重作用下具有自我维持、自我重建和修复的能力，这就是农业生产环境的安全性。二是绿色产品对人类消费的安全性。在绿色农业生产体系中，最终生产出来的产品，无论是植物性产品，还是动物性产品，或是经过多个加工环节生产出来的农产品，都应是符合生产标准的无污染、健康、营养和安全的绿色产品。

7. 可持续性

绿色农业是生态农业、可持续农业模式的继续和新发展，显然，绿色农业具有可持续性的特征。一是经济的可持续性。绿色农业可"优质优价"，促进广大农民增收，对提高农民收入有利。二是资源可持续性。绿色农业集约利用资源、节约利用资源、循环利用资源，对于建设资源节约型社会具有重要意义。三是生态可持续性。绿色农业强调"绿色覆盖，四季常青"，对保护生物多样性、提高森林覆盖率、减少水土流失等具有积极意义。四是环境可持续性。绿色农业强调实行清洁生产，做到废物不废、循环利用，变废为宝、化害为利，从而可大大减少环境污染，提高环境质量，对确保产品安全、食品安全均具有直接作用。五是社会可持续性。由于绿色农业具有经济可持续和资源、生态、环境的可持续性，能维护产品安全、食品安全，这对构建社会主义和谐社会具有不可低估的作用。

二、中国绿色农业的结构模式

（一）绿色农业结构模式的关键所在

绿色农业模式是一种在农业生产实践中形成的兼顾农业的经济效益、社会效益和生态效益，结构和功能优化了的农业生态系统。

要建立绿色农业的结构模式，就一定要牢固树立发展绿色农业的新观念。首先，要教育广大农村干部和农民认清建设绿色农业是农业发展的必然趋势，以加快农业结构调整和市场化农业、国际化农业为目标，以科技创新和体制创新为动力，推进绿色农业的发展。其次，要让农民认识到化学农业、"黑色农业"已走到了尽头，而发展绿色农业是未来农村经济的支柱产业和重要增长点，是农民增加劳动收入的根本途径，是未来农业的发展方向。再次，有条件的地方可首先培育一批绿色园区起示范、带头作用，从而带动广大农民积极、主动、自觉地发展绿色农业产业。

要建立绿色农业的结构模式，就一定要完善绿色食品供应链。从绿色食品供应链的结构来看，绿色食品生产基地连接着物流配送机构，物流配送机构连接着连锁超市专卖。这里关键的是物流配送中心起着连接生产和销售的纽带作用，是整条供应链的关键所在。从我国农产品供应的实际看，绿色食品供应链的两头（生产基地和连锁超市）都得到了一定程度的发展，但缺乏稳定、高效的物流配送机构。因此，相关部门要为市场创造条件，大力发展物流配送机构，优化绿色食品供应链。当前，主要应建立和规范物流配送，建立和完善供应链管理信息系统，健全新产品开发机制。

要建立绿色农业的结构模式，一是在一个模式中采取多物种与主物种相结合的方式，形成物种的合理竞争，充分利用单位空间的各种能源；二是在空间分配上做到物种的搭配形式、密度、空间的适度应用,进而提高空间的利用率;三是在生产结构上按照能量转化和物质循环规律进行,通过延长或完善食物链,增加营养级,以提高模式的能量转化和物质循环效率,做到由一熟变两熟,由农闲变农忙,以庭院种植、养殖和加工的一体化有利解决农村剩余闲散劳动力的转移问题;四是技术方面发挥各种技术措施的科学组合,形成机械技术和食物技术相结合、有机农业技术和无机农业技术相结合的农业系统,实现长远的生态效益与经济效益的有机统一,形成宜林则林、宜牧则牧、宜水则水、宜观光旅游则发展旅游的高效农业群。

(二)目前成熟的绿色农业结构模式

1. "四位一体"生态模式

即在自然调控与人工调控相结合条件下,利用可再生能源(沼气、太阳能)、保护地栽培(大棚蔬菜)、日光温室养猪及厕所四个因子,通过合理配置形成以太阳能、沼气为能源,以沼渣、沼液为肥源,实现种植业(蔬菜)、养殖业(猪、鸡)相结合的能源、物流良性循环系统。这是一种资源高效利用,综合效益明显的生态农业模式。这种生态模式是依据生态学、生物学、经济学、系统工程学原理,以土地资源为基础,以太阳能为动力,以沼气为纽带,进行综合开发利用的种养生态模式。通过生物转换技术,在同地块土地上将节能日光温室、沼气池、畜禽舍、蔬菜生产等有机地结合在一起,形成一个产气、积肥同步,种养并举,能源、物流良性循环的能源生态系统工程。这种模式能充分利用秸秆资源,化害为利,变废为宝,是解决环境污染的最佳方式之一,并兼有提供能源与肥料,改善生态环境等综合效益,具有广阔的发展前景,为促进高产高效的优质农业和无公害绿色食品生产开创了一条有效的途径。

2. 时空结构型

这是一种根据生物种群的生物学、生态学特征和生物之间的互利共生关系而合理组建的农业生态系统,使处于不同生态位置的生物种群在系统中各得其所,相得益彰,更加充分地利用太阳能、水分和矿物质营养元素,是在时间上多序列、空间上多层次的三维结构,其经济效益和生态效益均佳。具体有果林地立体间套模式、农田立体间套模式、水域立体养殖模式、农户庭院立体种养模式等。

3. 食物链型

这是一种按照农业生态系统的能量流动和物质循环规律而设计的良性循环的农业生态系统。系统中一个生产环节的产出是另一个生产环节的投入，使得系统中的废弃物多次循环利用，从而提高能量的转换率和资源利用率，获得较大的经济效益，并有效地防止农业废弃物对农业生态环境的污染。具体有种植业内部物质循环利用模式、养殖业内部物质循环利用模式、种养加工三结合的物质循环利用模式等。

4. 时空食物链综合型

这是时空结构型和食物链型的有机结合，使系统中的物质得以高效生产和多次利用，是一种适度投入、高产出、少废物、无污染、高效益的模式。

三、中国绿色农业的产业化发展战略

（一）建立健全绿色农产品的标准体系

发展绿色农业产业化可以加强对环境的保护，但是想要发挥这个作用必须充分借助市场。因此，要建立健全绿色农产品市场来对企业和个人的经济行为进行规范和约束。建立绿色农产品市场首先就要搞好绿色产品标准体系建设，为此，可以考虑将绿色农产品分为两个等级层次，一级作为达到国际ISO 14000环保论证，适应国际市场准入的绿色通道级别；二级作为普及型，基本相当于目前无公害食品，逐步达到绿色食品A级水平。要按照世贸组织《卫生与植物卫生措施协议》，迅速设立我国的"绿色贸易壁垒"，建立和完善国内环保贸易法律体制。同时，积极推行ISO 14000环境质量管理新体系，引入ISO 14000系列国际环境标准，以规范企业等组织行为，达到节省资源、减少环境污染、改善环境质量、促进绿色农产品出口和绿色农业经济持续健康发展的目的。

（二）发挥信息化对绿色农业产业化的带动作用

实现绿色农业产业化发展最基本的就是转变农业发展理念，要舍弃小农经济的狭隘观念，充分发挥信息化的作用，推动绿色农业向产业化的方向发展。发展现代化绿色农业，要充分利用信息技术，以此促进传统产业的改造升级，同时还要建立健全现代化农业技术监测体系。因此，有必要建立适应现代农业发展需要的农产品电子商务体系，利用各种媒体提高农业信息的传递速度和质量，使农业生产者可以通过网络及时了解产品信息，从而科学地决定产品的生产量；在生产过程中，农户可以利用专家系统合理地控制农作物生产环境的温度、湿度、适时施肥、施药，这样可以有效提高农产品的产量和质量，还可以根据市场需求调节产品成熟期；在产后阶段，农户可以利用信息平台掌握综合信息，决定产品是直接上市还是深加工，或者可以选择直接储藏等，这样可以实现农产品的及时均衡上市，此后农户还可以通过反馈信息进一步完善产品的生产，升级和完善产业结构、产品结构。为了实现农业现代化发展，应该将信息网络终端接到乡镇村企业及农户，形成以资源为本的信息系统，通过网络信息技术连接专家和农户，使农户可以及时有效地获得农业信息，及时掌握和应用农业科技。

（三）完善绿色农产品物流管理体系，发展绿色创汇产业

农产品物流一直是农业生产经营面临的一个难题，完善农产品物流管理具有重要意义，这就要求建设完善农产品市场体系和信息服务设施，也就是应该在农业基地附近建设区域性专业批发市场，完善市场交易、检测检验和信息服务等设施，增强服务功能，扩大辐射范围。根据具体的条件和实际需要，在这些市场设立绿色农产品专门交易区，从而促进产销的衔接，积极组织实施绿色农产品名牌战略，扩大绿色农产品在国内外的知名度，进一步提高其市场占有率；密切关注绿色农产品国际市场的变化，针对国际贸易中的技术壁垒，建立预警机制，以便及时应对；发挥比较优势，根据不同区域的特点，建立诸如劳动密集型或技术密集型的绿色农业产业基地，以质优、价廉、物美的绿色农产品扩大国内外市场份额。在绿色农产品生产、加工、包装和运输过程中推行全程质量控制技术，建立绿色农产品质量监督检验测试体系，建立与国际质量标准接轨的绿色农业质量标准体系。应该进一步改革完善农产品的外贸体制，进一步扩大农产品生产企业进出口经营权，推动农业产业化经营的发展，以此保证农产品出

口企业可以从绿色农产品的生产全过程中把握产品质量,将"绿色"理念贯穿农产品生产、加工、包装和销售等各个环节。

四、中国绿色农业的市场化发展战略

(一)壮大绿色农业市场主体

绿色农业是在市场经济条件下进行的,农户在这样的发展背景下属于独立自主的主体,因此他们必须对于自己生产什么、为谁生产和怎样生产有绝对的决策权。农户必须依法享有各种生产和交易所必需的权利,特别是清晰的土地产权、就业权和劳动收益权。必须根除革除城乡分割制度,给予农民和市民同样的待遇。此外,还应提高广大农民的综合素质,加强对农民的职业技能培训,为提高农民参与市场和社会分工创造条件;积极推进农村教育综合改革,统筹安排基础教育、职业教育和成人教育,进一步完善农村教育体系;积极发展多层次、多形式的农村职业教育。对农民的培训,不仅要包括对农业产业结构调整所需要的农业技术的培训,为农业培养大批专业技术人才,还需要根据农民的意愿进行工业技术、服务技能方面的培训,以促进农业劳动力向非农转移。加大对农民自愿创建农业合作组织的有力支持。在市场经济条件下,市场竞争更为激烈,这就导致分散的农民个体家庭必须与大型农业企业进行竞争,但农户个体经营无力与组织化、社会化程度较高的大企业抗争,农户个体家庭就会在市场竞争中处于不利地位。因此,必须依据市场化要求和经济利益原则,把分散的农民家庭生产经营单位组织起来,组建多种形式的农产品生产、加工、销售合作社,使农户分散的土地、资产、资金和劳动力等生产要素在较大的范围内和较高的层面上有效地组合起来,形成社会化生产的组织形式,从而使分散的农户联合起来有组织地进入市场。

(二)建立健全社会化服务体系,促进绿色农业专业化生产

单个农户在进行绿色农业的专业化生产时,通常都是建立在良好的社会化服务外部条件的基础之上的,如投入品的购买、生产过程中的技术服务、产品的加工销售等必须能够方便地获得。随着农户商品生产规模的扩

大，单个农户已经不再可能独立完成农业生产的全部过程，而必须借助和依靠农户外部的资源与力量，把农业生产的一部分甚至大部分环节交由专业人员、专业组织或专业部门操作。

农业社会化服务包含的内容十分丰富，其包括专业经济技术部门、乡村合作经济组织和社会其他方面为农、林、牧、副、渔各业发展所提供的服务。农业社会化服务，是为农民提供产前、产中和产后的全过程综合配套服务。近年来，农业社会化服务在全国范围内蓬勃兴起，对促进农村经济发展起到了重要作用。农业社会化服务的形式，要以乡村集体或合作经济组织为基础，以专业经济技术部门为依托，以农民自办服务为补充，形成多经济成分、多渠道、多形式和多层次的服务体系。同时，鼓励各地方、各部门在实践中勇于探索和创新，努力建设一个适合不同地区生产力发展水平的、多样化的绿色农业社会化服务体系。

第三章　乡村振兴背景下的乡村旅游发展

乡村旅游是乡村经济转型新引擎、文化繁荣新舞台、环境优化新契机、市场秩序新要求、生活幸福新途径，符合乡村振兴战略对新时代农业农村发展的总要求。而乡村振兴战略亦为乡村旅游提供了政策利好，指明了发展重点。在乡村振兴的国家战略和宏伟蓝图中，旅游作为重要担当和助力，将会大有作为。党的十九大报告提出要实施乡村振兴战略，这无疑为乡村旅游业带来了更便捷更有力的发展机会。

第一节　乡村振兴背景下的乡村旅游资源开发与设施建设

一、乡村旅游资源开发

从广义上来说，乡村旅游资源是以自然环境为基础、人文因素为主导的人类文化与自然环境紧密结合的文化景观，以乡村独特的生产形态和特殊的环境所产生的农业生产、农村生活、农村风情等客观体；从狭义上来说，乡村旅游资源是指在乡村地域范围内，能对旅游者产生吸引力，满足旅游需求并可产生经济、社会和环境效益的各种乡村特色景观。[①]

（一）乡村旅游资源开发的原则

1. 保护优先

乡村旅游资源开发必须以保护为前提。乡村旅游开发地往往是生态环

---

① 唐云松. 旅游资源学[M]. 西安：西安交通大学出版社，2019：122.

境保护较好、自然景观优美、人文景观朴实、受工业化辐射较少的区域，若没有保护优先原则，在经济利益的促动下，可能会造成乡村景观的破坏及景观特色的消失。

2. 科学管理

科学管理是减小乡村旅游开发活动对旅游资源及旅游环境影响的有效手段。在乡村旅游活动的管理中，可采用制定环境保护及传统文化保护与建设规划、开展旅游环境保护科学研究、建立环境管理信息系统、强化法制观念、健全环保制度、加强游客和当地居民的生态意识等对策来加大管理力度。

3. 生态经营

乡村旅游系统是一个地域生态系统，有其特定的物质能量循环方式和规模，任何外来的物质和能量都可能对这一循环系统产生影响。因此，在生态经营原则下，要求乡村旅游资源开发与经营给乡村生态系统带来尽可能少的额外的物质和能量。

4. 坚持特色

乡村旅游之所以能吸引外地居民和城市游客甚至国外旅游者，主要的一个原因就是乡土特色。乡村旅游资源开发要在保持乡村特有的"土"味和"野"味的前提下进行可持续性的开发，使得乡村旅游具有天然情趣和闲情野趣。

（二）乡村旅游资源开发的策略

1. 因地制宜

乡村旅游资源按功能发展方向的不同又可以细分为田园、聚落、建筑、农耕、民俗五种类型。[1]乡村田园旅游资源在整个乡村旅游资源中占比最大，该类旅游资源最主要的特点就是拥有大规模的农林牧渔等活动生产场地，观光功能属性较强；乡村聚落旅游资源大致可以概括为可利用的乡村传统村落景观，比如广东颇具特色的文化民俗村落；乡村建筑旅游资源指的是独具特色的、充满地方色彩以及浓厚历史感的建筑形态，比如祠

---

[1] 唐云松. 旅游资源学[M]. 西安：西安交通大学出版社，2019：122-130.

堂、寺庙等；乡村农耕旅游资源类似于田园旅游资源，不同之处在于，农耕资源更富有地方特色并且游客可以参与到农业生产活动中去，体验功能属性更强，比如采茶、捕捞、采摘蔬菜鲜果等；乡村民俗旅游资源笼统来说指的是极具地方特色的地方节日风俗资源，例如傣族的泼水节等，这类资源给予游客极大新鲜感，同时游客会在其中感受到当地乡村深厚的文化底蕴。

2. 完善景区配套服务

任何一种旅游资源不经过有意识的开发和建设是无法融入旅游业开展大规模的旅游接待活动的，只不过在开发的深度和广度上有所差异。因此，景区、景点的规划和建设是旅游资源开发的核心部分，也是整个旅游开发工作的立足点。不论自然景观还是人文景观，旅游资源都是在特定的自然、历史、社会背景下形成的，绝大多数资源本身与旅游活动没有直接联系，因而缺乏旅游活动开展的基本条件，如游步道、赏景平台、休憩设施、游客中心等。这也就对旅游资源开发和建设提出了客观要求。这种建设从内容、形式上说，既可以是对尚未利用的旅游资源的初次开发，也可以是对已经利用了的景观或旅游吸引物的深度开发，或进一步的功能发掘；既可以是对现实存在的旅游资源的归整和加工，也可以是从无到有的一个新景点的创造。从其性质来看，既可以是以建设为主的开发活动，也可以是以保持维护为主的开发活动。并且，从动态来说，这种开发活动的内容、性质也是发展变化的。

旅游服务是旅游产品的核心。旅游者购买并消费旅游产品除了在餐饮和旅游生活中消耗少量有形物质产品外，大部分是接待和导游服务的消费。所以旅游资源只是旅游活动的吸引物和旅游产品的基本条件，其开发必须注重旅游服务的完善。从旅游供给的角度来看，旅游服务包括商业性的旅游服务和非商业性的旅游服务。前者多指当地旅行社的导游和翻译服务、景区的讲解服务、交通部门的客运服务、餐饮业的食宿服务、商业部门的购物服务、银行部门的金融服务及其他部门向旅游部门提供的营业性接待服务；后者则包括当地为旅游者提供的旅游问询服务、入境服务及当地居民为旅游者提供的其他义务服务。这两方面都需要不断加强和完善。

3. 兼顾经济与生态

乡村旅游资源开发要注重经济活动的可持续性，因此在开发过程中应将经济与生态有机结合，使其双向促进，而绝非简单的资源消耗。

第一，要对乡村旅游资源开发进行深刻认识、统筹规划，将保护生态环境的意识牢牢刻进骨子里，在开发过程中时刻铭记"绿水青山才是金山银山"。

第二，要充分认识到并挖掘当地最具特色、最有优势的资源，增强整体意识，不仅重视物质资源开发，更要注重文化内涵的挖掘，增强乡村旅游的吸引力，使其无可替代。

第三，增强创新意识，提高创新能力。在资源开发过程中应不断与时俱进，不仅要积极学习借鉴，而且要不断提高技术水平，引入更完备的服务设施，使乡村旅游不断迸发新的活力。

第四，提升员工的整体素质，为游客提供高质量服务。引进专业人才，加强与社会各界的联系合作，尤其注重充分、全面接收当地政府政策的扶持，积极参与到有关乡村振兴的规划中。

第五，对旅游地的核心理念进行明确界定，比如"绿色""环保"或者"生态"等关键点，积极宣传，利用新闻、网络、新媒体等投放途径，扩大乡村旅游景点的知名度与影响力。

4. 树立品牌意识

注重乡村旅游理念形象策划，在充分理解乡村特性和发展的基础上，提出乡村旅游理念，如"观光乡村""休闲乡村""度假乡村""民俗乡村""文化乡村"等。在乡村旅游理念下，建设形成相应的乡村旅游类型，建立起旅游者的特定乡村旅游理念形象。例如，在观光乡村旅游理念下的乡村旅游，以优美的乡村绿色景观和独特的乡村生产过程作为旅游吸引物，吸引城市居民前往参观、参与、购物和游玩；在休闲乡村旅游理念下的乡村旅游，突出休闲度假主题，以乡村旅游资源为载体，以形式多样的参与性旅游活动满足游客休闲娱乐、身心健康、自我发展的旅游需求。

5. 三种效益相统一

乡村旅游可持续发展涉及经济、社会和生态效益三个方面的循环统一。要求乡村旅游在发展中讲求经济效益，注重生态平衡和社会的公平、公正，达到群众生活质量的全面提高，群众生活幸福指数的全面提高。在经济效益方面，要通过技术的创新，产业、结构的调整，实现旅游经济增长方式从粗放型向集约型转变，以促进旅游经济的增长。实现旅游经济的可持续发展，不但要注重旅游经济增长的"量"，更要注重经济增长的"质"，不断优化旅游产业结构，合理利用生态资源，注重引导居民文明消费等；在生态效益方面，乡村旅游发展要与自然的承载能力相协调，实现人与自然关系的平衡，在发展乡村旅游的同时还必须保护、改善和提高旅游资源生存能力和环境的自净能力，保证以可持续的方式使用旅游资源；在社会效益方面，社会的公平、公正是发展的内在要素和环境保护得以实现的机制，重点是要实现旅游资源环境与发展之间的平衡、效率与公平间的平衡、市场发育与政府调控之间的平衡、当代与后代之间在利益分配上的平衡。

二、乡村旅游设施建设

在乡村旅游业的发展中，乡村旅游设施是不可或缺的物质基础。所谓乡村旅游设施，就是为了适应旅游者在乡村旅行游览过程中的需要而建设的各项物质设施的总称。

（一）乡村旅游设施建设的原则

合理的旅游设施建造会为游客提供舒心的休闲度假环境，能够促进当地乡村旅游的持续增长，在进行乡村旅游设施建设时，应遵循以下原则。

1. 公共设施与旅游设施协调发展

必需的公共服务设施建不好则很大程度上会影响游客进乡旅游的观感与体验，久而久之会造成客流量不断流失的困境。

2. 目光长远

合理的设施建设虽然花费大但效果好，后续可以获得持续性的回报，要拒绝低质量开发、粗放开发。

3. 使用效果与景观效果相统一

在进行乡村旅游设施的建设过程中，不仅要注重建造质量，而且应该考虑到可观赏性、美观性，以此实现使用效果与景观效果的有机统一。比如浙江茶乡民宿建设，民宿不仅可以供游客居住休息，而且在外观上采用了极具当地地方色彩与文化传统意蕴的形式，具有极强观赏性，这样一来民宿不只是住所，也成为一种景观。

（二）乡村旅游设施建设的具体内容

1. 建设基调简朴为主

在发展乡村旅游时，所用的各种设施要避免豪华与富丽堂皇，重在追求简约而不失整洁，睡的床、用餐的桌、坐躺的椅，或木或竹，散发出自然的清香。有些地方在乡村旅游开发建设上脱离朴素、自然与协调，贪大求洋，追求豪华，不仅与乡村旅游内涵相脱离，而且破坏了当地资源和环境。有的地方不对本地乡村资源优势和本地风土人情认真调查和研究，不切实际，生搬硬套，效果并不理想。

2. 食宿设施建设

农家餐厅的布局要合理。农家餐厅的厨房设计一般比较简单，往往厨房设备较多，而所需生产人员不多，最好按"U"形布局，将冰箱、冰柜和加热设备沿四周摆放，留一个或多个出口供人员、原材料进出。这样的布局，人在中间操作，取料操作方便，节省行走距离，设备靠墙摆放，可以充分利用墙壁和空间，显得更加经济和整洁。农家餐厅在硬件设施的配置上，可参照卫生部门推行的食品卫生量化分级管理要求，结合农家餐饮服务的特点以及农家餐厅的规模大小，分间或分区设立粗加工区、切配区、烹调加工区和就餐区，规模较大者分间设立，规模较小者可分区设立。另外应注意厨房消防设施的配备、排油烟设施的完善。乡村旅游的住宿设施主要是农家旅舍。农家旅舍是指利用农户自家住宅空闲房间，结合当地人文与自然景观、生态、环境资源及农林渔牧生产活动，以家庭副业方式经营，为旅游者提供乡野生活的住宿场所。农家旅舍的建设重在突出单纯朴实，简约而不失整洁，同时兼有浓浓人情味和独特的风格。

3. 交通设施建设

实现乡村旅游产业升级，乡村旅游交通设施的建设和改造是前提。目前乡村旅游交通设施存在的问题突出表现为公交运力、道桥设施、停车场、旅游标识系统等明显不足,亟须投入大量资金进行建设、改造和升级。要在此基础上加强交通设施方面的投资,应主要从四个方面着力:第一,环城旅游大道的建设;第二,高速公路口的标牌系统建设;第三,乡村旅游点之间的道桥设施和公交系统建设;第四,乡村内外部的导览导视系统建设。其目的在于:最终形成乡村与城市、乡村与乡村之间的交通网络系统,增强郊区景区的可进入性,为城乡居民自助游、自驾游提供便利。

4.线上服务设施建设

随着现如今信息化与科技的迅猛发展,线上乡村旅游设施服务成为必不可缺的一部分。面对新媒体的宣传营销环境及途径,乡村旅游也要不断创新,利用新媒体、新形式发展乡村旅游。当前,乡村旅游信息传播的现状不容乐观,一方面由于人力、财力的匮乏,对新媒体及其应用缺乏了解,已成为制约乡村旅游发展的一个重要因素。进入新媒体时代,乡村旅游必须采取新的智能营销模式,尤其是通过互联网终端、移动终端等营销渠道,对乡村旅游要素如五彩缤纷的风景、独特的民俗、传说、独特的产品等资源进行整合,建立官方乡村旅游网站、手机门户或乡村旅游应用软件,从而增强公众意识,提高乡村在线旅游服务的效率。利用多媒体技术,可制作微电影、微视频,展示乡村资源和乡村景观;与虚拟旅游公司合作,通过虚拟三维系统展示乡村旅游资源和产品,增强游客意识。[①]

第二节 乡村振兴背景下乡村旅游发展的保障要素

一、政策支持

乡村振兴战略规划指出,要提升农业发展质量,培育乡村发展新动能:夯实农业生产能力基础,实施质量兴农战略,构建农村第一、二、三产业融合发展体系,构建农业对外开放新格局,促进小农户和现代农业发

---

① 陈妮. 新媒体时代背景下乡村旅游企业营销策略研究[J]. 上海商业,2021(10).

展有机衔接。

乡村振兴战略规划下，要求农村农业向着高质量、高产能的方向发展，夯实农业基础、保护耕地等农业生产资源为发展特色化多样化的乡村旅游提供了物质基础，促进农村第一、二、三产业融合发展大方向为实现乡村旅游的发展进步提供了强有力的大方向指引，构建农业对外开放新格局有助于吸引外来资金、企业、市场等参与到乡村旅游中去，促进小农户和现代农业发展有机衔接有利于农民个体与乡村旅游相接轨。

同时，乡村振兴战略规划要求繁荣兴盛农村文化，焕发乡风文明新气象：加强农村思想道德建设，传承发展提升农村优秀传统文化，加强农村公共文化建设，按照有标准、有网络、有内容、有人才的要求，健全乡村公共文化服务体系。这些政策的指引不仅有助于在整体上提高村民素质，而且有助于深度挖掘乡村文化底蕴与内涵，增强乡村旅游地的吸引力和独特性。

另外，乡村振兴战略指出，推动农村基础设施提档升级，继续把基础设施建设重点放在农村，加快农村公路、供水、供气、环保、电网、物流、信息、广播电视等基础设施建设；推进健康乡村建设，强化农村公共卫生服务；持续改善农村人居环境。实施农村人居环境整治三年行动计划。这些基础设施类的建设与完善，不仅可以满足农村居民日常生活需求，而且对于乡村旅游设施的发展与完善能够发挥巨大的作用，日常生活有了基础保障才能吸引游客前来休闲度假。

二、资金支持

开展乡村旅游产业应尽可能申请到中央与地方财政资金的扶持，最好能够申请到专项拨款，与此同时，企业个体也要利用好国家发放的其他资助补贴资金；积极引导吸引本土或外来企业进驻乡村投资乡村旅游产业，可利用融资模式，推进乡村旅游的良性发展；鼓励农民投资入股，这里的投资不仅指资金，还有物资，比如田地、鱼塘、果园甚至住宅等特色农业生产生活用地；另外还可以通过信贷、税收等政策调整，给予乡村旅游个体以及群体一定的优惠政策来实现乡村旅游成长压力的减轻。

三、人才支持

（一）人才引进常态化

旅游经营者、开发商以及相关行业从业者是乡村旅游发展过程中的重要参与者，他们的思想观念、综合素质直接决定了乡村旅游的产品质量及旅游服务水平。乡村旅游的产业和项目经营主体大多是农户或者缺乏旅游管理经验的企业家，旅游专业化人才不足，本土化旅游人才紧缺。当前，乡村旅游业参与群体大多出身于非旅游相关专业，面临专业知识不足、服务能力不强等难题，导致乡村旅游部分产品和线路在规划、开发、经营等阶段存在不同层次的缺陷，后期经营管理模式趋于雷同，无法很好满足旅游者追求新鲜和刺激的现实需求。要发展乡村旅游产业、实现乡村旅游的科学运营就必须吸引优秀人才前往乡村，这是让乡村旅游产业活起来的一个关键之处。专业人才的引进不可盲目而行，聘与任是一个双向选择的过程，应尽力选择那些亲乡爱乡、愿意为乡村发展献计献策的青年才俊以及资深人士。

（二）人才培养专业化

引进专业人才固然能解燃眉之急，但也只是权宜之计，唯有在乡村本地培养经营乡村旅游的能手才能在源头解决聘用难题。首先可以与附近院校合作，推动高校教育向专业化、职业化方向发展，进行积极的旅游产业人才储备；鼓励一部分接触并了解乡村旅游产业的本地人走出家门，终身学习、不断学习；同时，在互联网信息技术日新月异的今天，自媒体不断涌现，乡村与外界交流的方式也日益多样化，在家办公、学习已成为人们日常就可以达成的过程，通过线上相关旅游课程的学习也可以使从业人员提高自我素养、扩充知识储备。

另外，各地乡村民间文化团体中有着数量庞大的文旅人才。这些文旅人才掌握着丰富的文化资源，在当地具有较高的社会声望，但是其本身文化程度不够高，仅仅有一门代代相传的手艺，且这些手艺变现的可能性较低，传播范围也受到限制，甚至会出现传承中断的问题。有关部门可以通过实地走访，建设优秀的本地文旅人才库，梳理当地特色传统文化技艺项目，并对掌握技艺的传承者进行理论教育培训，将专业文旅人才掌握的传统文化技艺项目作为特色文化系列重点推出，使其充分地融入旅游宣传中，开创文旅融合的格局。

（三）人才管理规范化

完善乡村旅游产业工作中的奖惩体系，使在职人员德配其位、才配其位，必要时应制定持证上岗机制。利用网络建成线上乡村旅游人才网络平台，组成一支高水平乡村旅游人才队伍。还可以通过大赛奖金激励措施，促使更多有理想、有激情的专业人士投入到乡村旅游产业建设的队伍中。

人才管理的主要策略包括：建立乡村旅游人才信息库。积极推进乡村旅游信息化建设，依托网络构建乡村旅游人才交流信息平台，建立乡村旅游人才信息库和人才联络机制，将重点乡村旅游人才培训纳入地方干部培训计划，打造一支具有广阔国际视野、通晓国际乡村旅游业惯例、具有较高外语水平和跨文化沟通能力、能够支撑乡村旅游业又好又快发展的高层次旅游人才队伍。规范化执行乡村旅游人才持证上岗制度。组织专家研究制定与乡村旅游相关的服务标准，引入乡村旅游方面的执业资格和从业标准，彻底规范和提升乡村旅游产业从业人员结构和层次，所有服务人员每年培训一次，并引进技能考核制度，实行培训考评合格后"持证上岗"制度。开展旅游人才评优评奖活动。落实国家"万名旅游英才计划"，探索建立乡村旅游人才评价办法和职称评审制度，将乡村旅游人才开发培养与旅游行业评先创优、等级评定相挂钩，建立健全乡村旅游人才考评机制，定期举办优秀乡村旅游管理与服务人才的评优颁奖活动，及时给予物质奖励与精神荣誉奖励，激励乡村旅游从业人员不断提升管理服务技能。

（四）发挥文化与能人的引领作用

一方面，各级党委和政府及领导干部要充分认识到乡村文旅人才建设的重要意义，建立乡村文化振兴主体的多元合作机制，除了将乡村文旅人才建设工作纳入各级党委和政府的重要议事日程，还需按计划部署文旅人才的继续教育和培训工作；另一方面，全面加强乡村文化和旅游能人队伍的作风建设，改进学风、文风和作风，始终坚持文艺创作贴近实际、贴近生活、贴近群众，讲真话、讲实话、报实情、求实效，自觉践行社会主义荣辱观，充分发挥文化与能人的引领作用。

四、新基建支持

从狭义范围来看，新基建指的就是5G、大数据、人工智能、工业互联网等项目建设，其关键在于可以推动传统产业朝数字化、网络化、智能化方向转型升级。[①]新基建如5G网络、大数据、云计算、人工智能、区块链等，更多针对的是信息流、资金流，不仅为人们提供点对点即时信息服务，还通过基于互联网、物联网的金融支付工具便利资金流动，也为基于网络的服务贸易提供极大便利。

在未来社会，区块链与5G、人工智能、物联网、大数据等新基建要素的结合能够创造出一种以可信为基础的、物理社会与网络空间融合互动的更加高效的社会组织结构。在这样一种社会治理结构下，我国乡村全面振兴战略的实施不仅能创造大量投资机会，提升发展动能，还能实现城乡发展信息均等，消除阻碍农业农村产业和社会发展中各类要素流动的瓶颈和障碍，形成知识驱动的智联网，加速新的乡村社会管理模式和产业新业态的不断涌现；同时降低创业门槛，提升创新的速度和生产效率，助力我国农村充分发展和城乡、区域平衡发展。

五、交通支持

在旅游六要素中，旅游交通和旅游住宿、旅行社是旅游业的三大支柱，交通运输是旅游者得以完成旅游活动的先决技术条件。没有"行"也就没有乡村旅游，交通通达深度、交通基础设施的完善程度、交通服务质量是决定乡村旅游业发展的前提条件。交通条件的改善，不仅使旅游业从中受益，还可以带动乡村农村和工业等其他产业的发展。与此同时，伴随着科学技术的发展、市场消费需求的个性化、体验化，乡村旅游交通也不断凸显其产品的体验性、形式的多元化等特点，甚至成为一种特定的旅游吸引物。

支持乡村旅游的交通必须满足以下几种特点：

---

① 袁国宝. 新基建数字经济重构经济增长新格局[M]. 北京：中国经济出版社，2020：5.

（一）可进入性

可进入性是指利用特定的交通系统，从某一区位到达指定活动区位的便捷程度。交通的最基本特征就是具有可达性，它是连接旅游集散地和乡村旅游目的地的重要途径。交通组织的可进入性对于乡村旅游的产业发展、项目空间划分、公共服务设施建设、土地利用等都有着重要影响。因此，要做好用于沟通乡村旅游景点至外部城镇或连通该地区干线、支线公路的建设，它是吸引游客进入乡村旅游的基础。有些乡村旅游发展较好的地方甚至与客源地直接建立交通联系，如浙江湖州长兴县水口乡的顾渚村，联合县运管部门组成了具有营运资质的农家乐旅游车队，为上海、杭州等地游客提供上门接送服务，为当地乡村旅游客源的输送提供了很好的渠道。

（二）规范性

在交通道路的建设过程中需要尤其注意道路的规范性、合理性和细枝末节的连通性，形成旅游和生活服务的乡村交通网络。还要做好乡村旅游的道路设计管理，如停车场数量是否满足客流量，人行道与车行道如何分开，各村各景点的巴士如何接驳，自驾车流如何引导等，综合考虑近期、中长期乡村旅游的游客数量及出游方式。

（三）体验性

交通的体验性开发越来越成为一种趋向，结合乡村旅游的打底资源和本地文化，需要注重设计线路的体验性，路线策划的体验性对于增强乡村旅游的趣味性、延长旅游活动时间、促进消费需求有着积极的引导作用。除此之外，还应注意工具的体验化、设施的体验化，因地制宜地扩展诸如索道、游船、骑马等体验性活动项目，增加共享单车等类型的交通工具。

第三节 乡村旅游发展与生态环境保护的思考

一、乡村旅游生态环境的含义

从本质上说，农村具有很强的"自然生态"属性特征，这种特征也是乡村旅游活动赖以开展的乡村自然生态环境，包括由大气、水文、地貌、土壤、生物等组成的自然综合体。在地方乡村旅游发展过程中，根据生态环境"尺度"的不同，可以把乡村旅游生态环境划分为宏观生态环境和微观生态环境两个部分。宏观生态环境是指反映乡村特色的大尺度的景观以及这些景观在乡村地域的整个空间结构和格局，如地形地貌、海拔高度、区位、环境地质灾害决定了村庄建设的适宜性，以及人们生产、生活的便捷性；土壤母质类型、气候生产潜力属性决定了土壤的宜耕作性与庄稼宜种性；有无河流则决定了农业的可灌性，在很大程度上决定了生物产量；农村用地结构形成了乡村的景观特征，包括水域、农业用地、宅基地、公共用地（道路、水渠）、绿化用地的比例和结构等。微观生态环境是指由乡村的人居环境，包括村容村貌、旅游接待设施卫生状况、建筑材料和风格、旅游设施的形象标识等要素形成的具体物化生态环境。

二、乡村旅游生态环境保护的有效策略

保证乡村优良的生态环境是发展乡村旅游的一个重要前提保障，因此应高度重视在乡村旅游产业发展中的生态环境保护问题。

（一）践行绿色发展理念

践行绿色发展理念，以提升农产品质量安全为核心，改善和优化农业生态环境。一是深入贯彻落实绿色发展理念，把发展绿色产业作为推动经济结构调整的重要举措。依据资源环境承载力决定农业发展规模，正确处理农业绿色发展和农产品质量效益的关系，注重农业生产与资源节约、环境友好、生态保育的协调发展，坚持绿色生态优先，严格落实生态农业发展的各项标准措施，明确政府、企业、农户的主体责任，不断提高乡镇政府、企业、农户的绿色发展意识，发展农业的同时保护生态资源环境，使资源、生产等要素与发展相匹配相适应。二是立足区域特色，以环保技术为支撑、环保理念为指导、环境保护为目的，研发新产品、新技术，积极组织人才，以减量化、无害化、低碳化、便利化为方向，持续放大资源禀赋和持续发展潜力，坚持环境治理和农业高质量融合发展。提高绿色生产技术的应用效率，

扩大绿色生产技术的应用范围，制定严格的农产品质量标准体系，使产前、产中、产后的质量管理监督都能与国际市场接轨，从根本上提升我国农产品质量安全水平。三是建立健全绿色循环发展的经济体系，持续推进化肥农药减量增效，推广农作物病虫害绿色防控产品和技术。以提升农产品质量为核心，借助低碳、循环发展保护与改善农村生态环境，创造更多的生态红利，既是农业高质量发展的题中应有之义，也是实施乡村振兴战略的有效途径。

（二）构建循环发展体系

构建生态农业循环体系，为农业发展提质增效。农业循环经济是将传统农业与现代科学技术相结合的生态绿色、循环良性的农业高质量发展模式。其按照"整体、协调、循环、再生"原则，使农业发展达到生态和经济的良性循环，实现环境和经济效益的有机统一。在示范区内建立产业化的种养及废弃物还田食物链网结构，以形成良性"循环经济"结构框架。应用清洁技术、物质循环技术和生态产业技术等成熟技术，合理安排农业产业的时间和空间结构，避免或尽可能减少对系统外的排放，把原有的经济模式转化为循环经济模式，实现生产链系统的循环。全面落实现代生态循环农业建设目标任务，以资源高效利用和循环利用为核心，以农作模式集成创新为载体，以先进技术和设施装备为手段，以环境影响评价为标准，以统筹农业发展规划、优化农业产业结构、培育循环农业产业为着力点，推进农业生产方式、生产结构和从业人员生活方式的转变。在上下游部门及相关产业间建立废弃物资源循环利用的生态循环系统，降低环境保护成本，提高经济效益。采用"低压紫外技术"，确保所有的肥料仍可再利用，也不会改变水的组成成分，安全可持续地循环用水，节省高达40%的水肥。防控农产品产地的污染，从源头上保证农产品品质，建立农业资源废物利用循环标准，构建绿色生态产业布局、集约节约资源利用、安全优质产品质量、清洁环保生产环境的现代生态循环农业体系。

（三）改善居住环境

首先是综合治理农村垃圾。农村生活垃圾治理，首先要在"治"上下功夫。政府作为农村垃圾治理的主体之一，具有宏观调控和充分调动资源的能力。政府制定法规强制要求垃圾分类，因地制宜调研各村村民所产生的垃圾种类，确定垃圾所分种类；利用城市垃圾治理及其他有关方面的经验制定相应的农村垃圾治理政策；通过招标选择合适的企业，完善农村垃圾处理基础设施的建设，确保招标企业的正常运转；政府同时加强财政对垃圾处理技术的创新和引进的支持，推动垃圾处理技术的改进，减少污染在垃圾处理环节的产生，增强垃圾处理厂运营的市场活力；加强对垃圾分类的知识、垃圾分类的意义及垃圾分类的法律规定的宣传与监督，利用科技手段，对村民垃圾分类进行帮助，例如建设帮助分类的应用软件等；适度对企业进行监督和管理、发挥基层干部的作用来鼓舞村民自觉进行垃圾分类及建立有效的村民、企业反馈机制，使得农村垃圾治理形成网格化体系，层层严密落实，做好农村垃圾分类的坚硬后盾。村民要配合政府对垃圾信息的调研工作；加强对政府关于垃圾分类知识宣传的学习；增强环保意识，保护垃圾桶等基础设施；进行垃圾分类的实践；设立监督机构以及建立村民内部监督机制，对垃圾分类的实践落实进行监督。

其次是加快推进农村厕所革命。将治理重心下移，强化基层治理"厕所革命"的主体是农民，"厕所革命"的场域在农村。乡村"厕所革命"的顺利推行，应立足广大农村地区，重心下移，强化基层治理。然而，当前农村"厕所革命"的重建设轻管理现象尤为突出。这与农村社会经济基础薄弱、发展落后密不可分。因此，相关部门应制订本地区中长期厕改计划，保障后续厕所维护和运营管理的可持续性；保障经费充足，落实国家奖补金额的同时广泛开源，多渠道吸收社会资本，夯实乡村治理的物质基础。治理方法应采取自治、法治、德治相结合。结合本国实际，借鉴国外经验，加快建立、健全和完善我国有关厕改和管护的法律法规体系。就基层社会而言，应重视制定并完善有关本村厕改的村规民约，使其充分发挥规范、指导村民如厕行为的作用。并严格规范本村不文明的如厕行为，如便后不冲水、故意踩踏损坏厕所设备等，一旦出现，处以小额罚款，人人平等，严格执法，以此帮助树立村民规范意识，为本村"厕所革命"的顺利推进提供强有力的法治保障。

再次是积极推进生活污水治理。生活污水的处理模式主要分两种：一种是集中处理。此项处理方式仅适用于居住比较集中、较为发达或靠近市政污水管道的农村地区，政府出资、统筹各户合理布设排污管道，农户污水可直接排入市政污水处理体系，与城镇类似，需定期维护、实时监管，耗资较大；第二种是分散处理。目前农村分散居住区域排水收集系统基本空白，排水管道设施极不完善，根据有关规定，考虑到分散就地处理系统设施在规模和运行条件上的制约因素，对于农村分散居住区的生活污水收集采用雨污水完全分流的排水体制，原有的场地排水管道作为雨水管道利用，雨水就近排放入河；重新布置污水收集管网，将工程范围内每家每户的生活污水收集后，纳入市政污水管网。

最后要全面美化村容村貌。一是美化已建与规范未建相结合。一方面，要整治已建。立足村庄现有基础，把重点放在改善村庄整体环境上，把功夫下在对已经建成的农家庭院的整治改观上，不搞千村一面，不搞大拆大建。对已建成的村庄，加大村庄公共空间整治力度，清理私搭乱建，整治残垣断壁，构建干净整洁有序的乡村空间。对与村庄整体风貌极不协调的民居，要在充分尊重农民群众意愿、控制治理成本的基础上，能改则改。另一方面，要规范未建。抓紧编制村庄建设规划，及时将规划公开发布到村到户，引导农民群众按照规划选址建设农房。有条件的地区加快编制民房建设指南或规范，提供不同建设面积、不同楼层数量等指标的民房设计图纸，供农民群众参照建设。二是官方引导与村民参与相结合。一方面，整治提升村容村貌特别是公共区域的环境整治，要依靠政府引导推动。基层政府要着力于一家一户解决不了的问题，通过实施专项行动或建设项目加以解决。深入实施村庄绿化美化行动，以村落固有的生态田园、池塘水系为基础，梳理优化村庄植被，优先采用地方特色树木种类，通过以奖代补等方式支持村庄建设微田园、小微公园和公共绿地。加快推进水美乡村建设，加强电力线、通信线、广播电视线"三线"维护梳理。另一方面，要注重对农民群众的规范引导，通过修改完善村规民约等方式，积极引导农民群众自觉做好庭院内外清洁卫生，鼓励村民自发开展村庄绿化，引导群众摈弃乱丢垃圾、乱堆乱放等陋习。对破坏村庄环境的行为加强批评教育和约束管理。三是继承传统与推陈出新相结合。"青山如黛远村东，嫩绿长溪柳絮风。"新时代推进村容村貌整治，要在尊重乡村自然肌理、挖掘历史文化资源的基础上，借鉴传统村落、传统建筑营建的理念、智慧和方法，抓紧编制出台与区域乡土文化相适宜的村容村貌提升导则。导则要突出乡土特色和地域特点，继承和发扬优秀传统建筑文化，以塑造富有时代特征、彰显区域特色、蕴含传统文化价值的乡村特色风貌为目标，以不挖山填湖、不破坏水系、不砍老树为底线。要遵循"修旧如旧"的基本原则，重点保护和修复历史文化名村、传统村落及古驿道沿线格局保留较好村庄的历史建筑，统筹保护利用传统村落和自然山水、历史文化、田园风光。因地制宜引入新技术材料、新标识标牌、新设计元素、新设备装置，积极推进水、路、电、通信等城乡基础设施互联互通，促进城乡一体化，让广大农民平等参与现代化进程、共同分享现代化成果。

第四章　乡村振兴背景下的农村文化建设

乡村振兴离不开农村文化的振兴，在乡村振兴的视角下繁荣发展农村文化非常重要。本章在分析中国农村文化建设主要成就与问题的基础上，探讨了农村文化建设的意义及其面临的挑战，并对农村文化建设的路径进行了探索。

第一节　中国农村文化建设的主要成就与问题

一、中国农村文化建设的主要成就

（一）农民文化水平明显提升

改革开放以来，农村经济得到长足发展，农民生活水平得到极大改善，对科学文化的需求也越来越强烈。农村文化建设工作的开展，使农民能够参与到文化活动中，文化素质有了明显提高。农村基础教育的普及是农民文化水平提高的关键，决定着农民文化素质的发展层次。1983年5月，国务院发布了《关于加强和改革农村学校教育若干问题的通知》，指出提高劳动者的文化素质是建设社会主义农村的重要内容，要以灵活多样的形式开办农村小学，力争1990年之前实现农村地区初等教育基本普及。1987年6月，国家教育委员会和财政部又联合下发了《关于农村基础教育管理体制改革若干问题的意见》，强调要多渠道筹措农村办学经费。2002年4月，国务院办公厅发布了《关于完善农村义务教育管理体制的通知》，提出要建立义务教育的经费保障机制，保证农村地区义务教育的经费投入。2018年1月发布的《中共中央国务院关于实施乡村振兴战略的意见》中也明确指出，要高度重视农村的义务教育，提高农村教育质量。党中央对农村基础教育的高度重视使农村的教育实现了大发展，农民的文化水平也有了极大提高。

（二）农民法治观念和生态文明意识普遍增强

乡村振兴战略目标中"产业兴旺"的实现需要法治环境的保障，"生态宜居"的实现离不开农民生态文明意识的培育，在改革开放以来的农村文化建设过程中，农民的法治观念和生态文明意识普遍增强，为实现乡村振兴的战略目标提供了有利条件。

随着城镇化的持续推进和信息技术的不断发展，农民与外界的接触和交流越来越频繁，将自身与外界联系起来，在处理各项事务的过程中法治观念越来越强。在经济往来上，越来越多的农民运用合同、契约和票据等法律文书建立契约性利益关系，在出现矛盾纠纷时选择通过法律的评判和调节作用来解决，从伦理规范、人情面子、权威意志等原有的"类法律秩序"中解放出来，将法律作为维护合法权益的有力工具。一直以来，农民的生态文明意识与城市居民相比明显较低，这种差距不是农民自身原因造成的，而是由于长久以来我国的生态文明宣传教育主要以城市为主，农民缺乏接受生态文明教育的途径。同时由于农民科学文化水平相对较低，对生态文明意识的接受能力较差，加大了这一差距。但从发展的角度看，农村文化建设活动的开展使农民的生态文明意识有了明显增强。在农村文化建设的过程中，一方面建立的村规民约从制度上对村民行为进行了规范，将生态宜居的发展要求和先进生产方式转化为农民的自觉；另一方面开展的内容丰富、形式多样的宣传教育活动引导农民树立了生态优先的发展理念，使农民树立了人与自然和谐相处的思维方式和生态环境意识，积极参与到美丽乡村的建设过程中。

（三）农村文化产业经济效益显现

文化产业具有经济和社会双重效益，但文化产业从本质上是经济属性，是社会产业系统的重要组成要素。我国的文化产业呈现积极向上的发展态势，农村文化产业也稳步发展，经济效益开始显现，尤其是在脱贫攻坚中发挥了重要作用。

近年来,各级政府不断加大文化产业的扶持力度,积极开展典型经验宣传、观摩考察和文化产业展会等,为文化产业提供品牌提升、市场推介和政策对接等多种服务,以文化产业发展带动地区经济增长和农民增收。从2016年起,为推进贫困地区文化产业信息交流平台建设,有效对接供需、交流经验,文化部每年支持各地开展人才培养、论坛研讨、项目路演和展览展示等各项活动3~5场,帮助贫困地区培养了一批具有较高专业素养、熟悉产业政策的文化产业人才,并邀请文化产业领域的专家学者和文化产业领域知名企业负责人为贫困地区文化产业出谋划策,取得了良好效果。为充分发挥文化产业在乡村振兴中的重要作用,政府加大了资金扶持力度,支持重点文化产业项目建设。目前,各地依托本地特色资源因地制宜发展了民俗文化、乡村旅游、休闲农业等产业,形成了一批有特色、有品牌、有市场的文化产品,取得了良好的经济效益,有效带动了农民增收。

(四)农村公共文化服务水平不断提高

在农村文化建设的过程中,更加注重将党建、科技、卫生、教育等功能相结合,帮助群众解决生产生活和思想认识方面的问题,将文化素质培养和文明实践相结合。公共文化服务体系的功能不断增强,服务方式持续创新,资源供给不断加大,农村的公共文化服务水平稳步提升。

农村公共文化服务体系功能越来越多元,集文化、党建、科技、卫生教育等于一体。从乡镇综合文化站的活动开展情况来看,组织文艺活动、举办训练班、举办展览是基本功能。乡镇文化站效能专项治理的深入开展,使乡镇文化站的服务效能有了进一步提升,许多集党员教育、科普宣传、体育健身和普法宣传等功能于一体的村级文化服务中心得以建成。

农村的公共文化服务方式也在不断创新,使农民群众更加乐于、便于参加文化活动,从文化中汲取源源不断的精神力量。服务方式从单方面的文化产品供给向供需对接转变,建立了农村群众文化需求反馈机制,针对农民的文化需求提供"订单式"文化服务。在农村文化服务方式创新的过程中,形成了甘肃农村大舞台、安徽农民文化乐园、浙江衢州流动文化服务等先进经验,为其他地区创新农村文化服务方式提供了借鉴。与此同时，公共文化产品的供给也更加丰富。一方面，通过例如"我们的节日"系列主题活动和"讲述村庄故事"等活动，将传统节日和新时代农民精神风貌相结合，拓展了农村文化的内涵，使群众能够更加便捷地参与到文化建设过程中，实现了农民文化活动和农村精神文明建设的统一。另一方面，在村级文化服务中心建设过程中，强化数字资源的供给。在村级文化服务中心实施数字图书馆、电子阅报屏等项目建设，利用现代信息技术优势，提供大量的数字文化资源，满足农民阅读、娱乐和学习培训的需求。

二、中国农村文化建设存在的问题

（一）农村公共文化事业尚有不足

1. 农村公共文化资金投入仍然不高

充足的资金投入是发展农村公共文化的重要保障，农村公共文化建设成效如何与资金投入程度密切相关。近年来，我国对农村文化事业的资金投入不断加大，农村公共文化设施逐步健全，但是政府对农村公共文化资金的投入与发展需求相比仍然较低，资金投入不够充分是目前农村地区面临的普遍问题。

从现实情况来看，在资金来源上，农村公共文化建设资金主要依靠政府投入，资金来源较为单一，社会资本和个人参与较少，也是造成农村公共文化建设资金投入不足的一个原因。因此，建立多渠道的资金筹措机制是当前农村公共文化建设要进行的重要内容，要吸引各类社会资金的加入，推进形成以政府为主导，市场、社会和个人共同参与的多元共建格局。

2. 农村公共文化产品供给与需求不匹配

农村的公共文化服务体系日臻完善，公共文化产品供给也越来越丰富，使农民的文化生活得到了丰富。但是当前农村公共文化产品的供给仍然不能满足农民的需求，并且还存在文化产品供给与农民需求不匹配的情况。

农村公共文化产品供给与农民文化需求的不匹配，一方面是由于政府在提供公共文化产品时相关调查不足，对农民真正的文化需求了解不够，导致虽然政府提供了很多文化产品、服务和设施，但是农民参与或使用率不高，造成了资源的闲置和浪费。另一方面是客观条件上，受场地和设施限制，能开展的文化活动种类有限，形式和内容较为单一，对农民的吸引力不强。

（二）农村文化产业发展有待完善

1. 农村文化产业活力尚未充分激发

我国农村具有丰富的文化资源，农村文化产业有丰厚的资源基础，但其活力尚未被充分激发，阻碍了经济和社会效益的实现。农村文化产业的发展必须要依靠有针对性和切实效果的规划，但是由于起步较晚，很多地区在发展农村文化产业时没有充分结合自身特点制定发展规划，而是直接照搬其他地区的发展模式，使发展规划缺乏针对性和灵活性，对本地区农村文化产业的指导意义不大，也难以在实践中落实，难以激发产业活力。同时，我国农村文化产业目前还停留在对文化古迹、特色民宿、传统工艺等的原始开发阶段，主要给游客提供的是"原汁原味"的文化体验，对文化内涵的深度挖掘和开发不足。比如近年来，很多农村地区都在依靠本土的特色文化资源发展文化产业，但是由于产业基础差、技术含量低、文化内涵挖掘不足，文化产品结构较为单一，内生动力没有被充分激发出来。长远来看，这一问题如若不能得到有效解决，必然会使农村文化产业停滞不前。

2. 农村文化产业与其他产业的关联性不强

文化产业自身的功能和属性决定了其较强的产业关联性，通过文化和旅游产品的生产、消费可以形成广泛的产业集群，实现资金、土地和劳动力等各种要素的整合，并形成完整的产业链条，促进经济转型升级，为地区经济发展赋能。同样，农村文化产业的发展需要各相关产业的支撑和保障，也能将各相关产业如生产、营销和服务部门等进行衔接和整合，从而形成完整的产业体系，有利于农村经济转型和产业升级。但是从当前的实际发展中可以看到，农村文化产业的关联性不强，与之配套的相关产业发展相对滞后，限制了农村文化产业的发展空间。比如"农家乐"生态旅游具有显著发展优势，是农村文化产业的重要支撑，但是与之相配套的产业如民宿、表演、文创产品等发展相对滞后,甚至有些产业的产品还存在质量低劣的问题。这些问题致使农村文化产业难以与其他产业形成完整的产业链条,不能起到互相促进、共同发展的协同作用。

3. 文化产业核心竞争力不足

文化产业涉及多领域、多门类、多层次的经营体系,涵盖范围较广,发展潜力十分巨大。我国农村文化产业起步较晚,基础相对薄弱,农村文化产业的核心竞争力不足。核心竞争力的打造需要对市场有深入了解,及时掌握群众的文化消费需求。但是相对于城市而言,农村地区获取相关信息的渠道较为闭塞,专业人才也较为缺乏,不能对农村文化产业的高质量发展进行指导,从而导致农村的文化产业发展难以及时掌握市场需要,也难以精准匹配群众的文化需要。同时,文化产业从本质上是经济属性的,其发展也是以市场机制为核心。在农村文化产业发展中,应充分发挥市场在资源配置中的基础作用。但目前有些地方对文化产业的认识不够,缺乏清晰的定位,把政府作为发展农村文化产业的主体,没有充分发挥文化企业、民间艺术团体和个人在文化产业中的重要作用。发展主体认识上的错位,导致文化产业的发展在一定程度上偏离了市场规律,容易出现重数量轻质量等不良后果,不利于形成核心竞争力,影响农村文化产业的可持续发展。提高核心竞争力,已经成为发展农村文化产业必须要解决的难题。

(三)部分农村基层领导对农村文化建设不够重视

党中央、国务院制定、颁发了一系列关于农村文化工作建设的方针政策,各级政府也颁发了一些发展农村文化事业的具体政策和措施,但一些部门对农村文化建设重要性认识仍然不到位,部分农村基层领导存在着重视经济发展而轻视文化建设的倾向。由此导致的结果:一是有的乡镇没有真正将农村文化工作列入当地经济社会发展规划,农村文化建设缺乏可持续发展的政策措施和资金保障。二是各部门制定的乡镇干部考核目标责任体系中,对农村文化建设缺乏严格的考核标准,无刚性的考核指标。三是在城乡一体化进程中,各部门在农村名目繁多的建设项目中,没有将文化建设纳入当地经济建设的总体规划,致使农村文化工作长期处于"弱势"地位。四是有的地方没有把满足农民群众的文化需求作为发展目标,没有把保障农民群众的文化权益作为民生重点，文化设施被挤占、挪用的现象还比较普遍，文化工作也总要让位于经济建设、重点工程等。五是有的地方对文化建设的战略、步骤、重点、项目、保障等环节，没有系统的、具体的指导意见和目标要求，使农村文化建设属于"自由式发展"，不同程度地存在着随意性、无序性的问题。

（四）农村文化人才队伍薄弱，管理制度不健全

农村文化人才队伍缺乏新人参与，青黄不接、后继乏人问题较为严重。目前农村文化人事制度存在的一个较大弊病是文化人才流动困难，由于文化单位性质不同、人员身份不同、财政供给形式不同等原因，优秀文化人才往往外部不能进来、内部不能横向交流，这也造成了农村文化队伍的人才匮乏。

第二节 农村文化建设的意义及其面临的挑战

一、农村文化建设的意义

（一）有利于提高农民素质、增加农民收入、丰富农民精神生活

首先，加强农村文化建设是提高农民素质的需要。当今时代，文化越来越成为民族凝聚力和创造力的重要源泉，越来越成为综合国力竞争的重要因素，丰富精神文化生活越来越成为我国人民的热切愿望。因此必须加强文化建设，强化对农民的文化熏陶，着力提高农民素质，为乡村振兴提供更多的高素质人才。

其次，加强农村文化建设是提高农民收入的需要。文化的建设，不仅表现在放一场电影，演一场戏，举办一场晚会，文化建设更应该在使农民掌握科技文化知识、增强农民劳务技能、提高个人素质上做文章，通过丰富多彩、形式多样的文化活动，提升农民学习文化、掌握知识的主动性和积极性，不断培养适应现代农村、农业要求，适应市场经济规律要求的新型农民，让农民成为建设社会主义新农村的主角。只有农民在知识上充实了，精神上满足了,物质上才能不断富裕,在乡村振兴中才能发挥更大的作用。

最后,加强农村文化建设是丰富农民精神生活的需要。忽视农村文化建设,不用先进文化占领农村阵地,不仅精神失去支柱,智力失去支持,经济难以发展,社会稳定存在隐患,而且久而久之,农村这个文化区域就会在时代前进的步伐中被淘汰。所以,必须大力发展农村先进文化,重塑农民这个新主体,用新文化冲击旧观念,培育新型农民。

(二)有利于推动乡村振兴战略的实施

1. 文化振兴是乡村振兴的重要组成部分

改革开放以来,我国农业农村同国家其他事业同步发展,取得了历史性成就,经过了建设社会主义新农村—美丽乡村—"人"的新农村—乡村振兴战略的持续推进,凸显乡村建设中对于"人"的重视,以及农业农村总体性发展的建设路径。可以说,农民既是乡村振兴的主体,也是乡村振兴的受益者,只有以农村文化振兴为抓手,才能更好、更快、更高效地推动农村经济、政治、社会和生态的发展。在此种意义上,可以说,农村文化兴则农村兴,农村文化强则农民强;没有农村文化的高度自信,没有农村文化的繁荣发展,就难以实现乡村振兴的伟大使命。农村文化的繁荣发展,必将有效提升农民思想境界,提振农民精气神,提高农民生产生活价值,实现中国农民的品格重塑和中国农村的和谐稳定,满足产业兴旺、生态宜居、乡风文明、治理有效、生活富裕的总要求,加快建立健全城乡融合发展的体制机制和政策体系,进一步加快推进农业农村现代化。

2. 农村文化是乡村振兴的重要动力和持续动能

文化振兴是实现乡村经济发展、产业兴旺、生活富裕的重要动力。改革开放以来的实践经验表明,要谋求乡村经济发展、实现乡村产业兴旺、促进乡村经济繁荣健康,必须改变就经济谈经济的狭隘思路,必须变"输血"为"造血",必须处理好"富口袋"与"富脑袋"的关系,而事实上,只有"富脑袋",才能真正实现"富口袋",也只有"脑袋"真正富有了,"口袋"富才具有可持续性。在当前全球化、市场化和信息化的社会背景下,决定优胜劣汰的竞争性要素已经发生重大变化,知识性、技能性、创新性要素成为重要的甚至是决定性力量。乡村经济要发展、乡村产业要兴旺,就必须提升农民的科学文化素养，培养培育知识型、技能型、创新型农民，增强农民的市场竞争能力；同时，也要注意到，乡村产业兴旺并不意味着对城市经济的简单模仿或机械复制，而是立足于文化传统的视角，探索具有中国乡村特色、乡村属性、乡村风格的经济发展路径。可以说，无论是前者还是后者，都需要把农村文化的繁荣发展作为重要动力和持续动能。

3. 文化振兴代表着亿万农民的文化精神认同

文化振兴，不仅是农村文化本身的胜利，也代表着亿万农民的文化精神认同。所以，必须始终坚持中国特色社会主义文化发展道路，牢牢把握农村文化建设的民族性、科学性和创造性，致力于农村文化整体的开放性、精神内涵的民族性、文化特质的地域性、审美趣味的现代性、表现方式的融合性、文化元素的丰富性、文化品格的高尚性，不断探索"既富口袋又富脑袋"甚至"脑袋比口袋更富有"的农村文化振兴路径，真正调动农民的积极性、主动性和创造性，不断提升农民自身的文化素质，培养培育新时代知识型、技能型、创新型、爱农村、爱农业的农民队伍，为乡村振兴的可持续发展提供源源不断的文化支撑、智力支持和精神动力。

二、农村文化建设面临的挑战

（一）农村文化呈现城市化倾向

1. 农民生活方式趋于城市化

改革开放以来，我国城市化进程不断加快，农村的经济基础不断增强，农民收入稳步提高，农民的生活方式也随之发生了很大变化。在城镇化的过程中，代表着现代文明的城市文化进入农村社会，对农村文化形成了有力冲击，农民们长期延续的行为习惯和生活方式出现了城市化的特点。

2. 农民的价值追求趋于城市化

城镇化使农村的物质环境基础发生了改变，农民的职业和精神文化活动也逐渐呈现出城市化的特点，这一系列改变必然使得农民的价值追求也出现城市化取向。农村群众对传统农村文化的热情持续降低，对城市文化的热衷则持续高涨，农民对于农村文化的认同感正在降低，是农村文化建设必须要正视的挑战。

（二）农民价值取向呈现多元化特点

在文化的发展过程中，不同文化间的交流会促使一种文化从其他文化中获得新的内容，促使该文化原本的内容和形式发生变化。改革开放以来，市场经济的快速发展带来了农村社会结构的深刻变革。农村进入了后乡土时代。农民价值观的变迁是对农村社会变化的主观反映，受多元文化的影响，农民的价值观也产生了变化，在保留部分传统文化特质的同时，农民的价值取向更趋多元。

1. 家庭价值观理性化

在传统农村社会中，劳动力向其他行业转移较少，农村劳动力机会成本几近为零。而在现代社会中，各行业间劳动力流动较快，农村劳动力逐渐脱离农业生产，视野逐渐开阔，价值观念和行为方式也更加理性。在市场经济的影响下，更多人将发家致富作为奋斗目标，人们的行为活动多以经济收益作为基本遵循，即经济理性。

2. 消费主义观念盛行

消费主义观念盛行，指的是消费逐步成为人的价值导向，从而在生活上追求更多的物质占有，进而产生过度消费、炫耀性消费等不合理的消费行为。消费主义本身是市场发展产生的结果，是存在于城市文化中的一种价值观念。随着城乡一体化的深入发展，农村和城市的空间距离缩短，消费主义也渗透到农村，改变了农民原有的生活方式，影响了农民的消费观念。

第三节 农村文化建设的路径探索

一、创新农村文化建设管理体制

（一）建立稳定的投入保障机制

经费不足已经成为制约农村尤其是经济欠发达地区农村文化建设的主要瓶颈，资金投入是开展农村文化建设的关键。作为社会公共文化产品的提供者，政府是第一责任人，要把农村文化建设经费纳入当地财政预算，确保农村文化建设的基本开支，积极发展农村文化事业，逐步形成政府投入为主，集体、个人、社会相结合的多渠道、多层次、多体制的投资格局，倡导和探索社会办文化的思路，出台政策措施，积极推动社会力量，以社会投资、个人或企业捐款和民间集资等形式参与并推动农村文化建设，保证农村文化建设所需经费。

（二）建立健全文化工作考核激励机制

为有效促进农村文化建设，必须建立科学的经济、文化一体化考核机制，把文化建设作为评价地区发展水平、衡量发展质量和领导干部考核的重要内容。建立省、市、县三级农村文化建设目标管理体系和绩效评价机制，培育一批县级图书馆、文化馆、乡镇文化站和村级文化大院先进典型，召开现场会，推广先进经验，全面推进农村文化阵地建设。各级党委、政府要制定公共文化建设考评和奖惩办法，并将服务农村、服务农民作为基层文化单位工作的重要考核内容，确保公共文化服务机构，尤其是县、乡、村三级公共文化服务机构的正常运转，努力在全社会形成关心支持公共文化基础设施建设的良好氛围。

二、丰富农村公共文化产品供给

当前农村亟须补齐文化短板，完善文化基础设施，公共文化资源应重点向农村倾斜，从而为农民群众提供更多更好的农村公共文化产品和服务，让健康的公共文化生活填补农民群众的闲暇时间，在文化实践中丰富农民精神文化生活。文化供给要有效利用乡土文化资源，重内涵、重品质、重效果。比如，在浙江不少农村，结合当地传统民俗文化来建设农村文化礼堂。这些文化礼堂，不仅有村史乡约的介绍，而且经常举办文娱、宣讲、礼仪、议事、美德评比等活动，为农村群众打造集思想道德教育、文体娱乐、知识普及于一体的活动乐园和精神家园，成为当地新的文化地标和村民的精神家园。农村的公共文化场所首先应该是吸引老百姓去的活动场所。要广泛开展农民乐于参与的群众性文化活动，占领和巩固广阔乡村的思想文化阵地。一些地方通过建立庄户剧团、成立曲艺班社、组织歌舞竞赛、经营杂技场子、参与节日游艺、倡导体育健身，寓教于乐。散发着浓郁乡土气息的地方戏是农村文化的重要载体，讲的是当地老百姓生活中的人和事，剧中人物的语言、行为方式等也带有浓郁的地方特色，有着其他艺术门类无可比拟的亲民性与生动性，是百姓重要的精神食粮，理应当好乡土文化的表达者，为乡村振兴注入文化动能。对具有生命力的地方戏进行必要的梳理、提炼与再创造，从乡土生活积累丰富的创作素材，表现好当代中国乡村的面貌，讲述好当代中国乡村的故事，激励农民群众投身变革时代的中国乡村建设。要鼓励农民种好自家门口的"文化田"，将本地的剧、曲、舞、乐、歌等作为娱乐审美的主要手段和精神生活的重要依托，收获属于农民群众自身的快乐。起源于浙江丽水的乡村春晚就是一个范例。它是春节期间农村群众自办、自编、自导、自演的一台联欢晚会。这个既富有乡土气息又不乏现代气息的农家秀，弘扬了社会主义核心价值观，聚人气、接地气是传承农村优秀传统文化，锻造农民的文化自觉和文化自信的重要抓手。

农村普及的大众媒介以电脑、智能手机和电视为主。网络空间是亿万民众共同的精神家园，建立良好的网络生态符合绝大多数人的利益，要积极发挥网络在引导舆论、反映民意上的作用。针对农村文化信息量严重不足，一些农村地区尝试建立以村民为基本单位的QQ群、微博、微信公众号和App等平台，以实现村干部与村民之间的网上交流，这既构建了党建统领、共建共享的农村治理新体系，又丰富了农村文化建设内容。

三、发展农村特色文化产业

（一）建设农耕文化产业展示区

我国农耕文化资源大致分为十六类，即农耕产品、农耕器具、农耕技术、农耕方式、农业水利工程、农灾防治、贮藏方法、农趣体验、农耕艺术、农食、农贸、农居、农事崇拜、农业政策与制度、农学思想与农书、礼仪与习俗。要系统分析这些文化资源类型，综合考虑不同农耕文化资源类型之间的内在联系，深入挖掘其背后蕴含的文化价值，以文化价值为核心，对农耕文化资源进行产业化开发。一是规划建设以农耕文化为主题的重大文化旅游项目，通过农田景观、主题住宿、主题餐饮、农耕体验、农学知识、农产品、特色工艺品等一系列内容展示，将带有农耕文化的原色、建筑、产品、思想等聚合呈现，强化体验式消费场景下的文化传承与发展。二是建设集研究、体验和教学等多功能于一体的农耕博物馆。以传统农耕文化精髓，赋予实体空间深厚底蕴，集中展示语言、戏剧、民歌、风俗、祭祀、礼仪、政策、理论等各类农耕文化元素。

（二）推动文化、旅游与其他产业的深度融合

以保护农村生态景观环境、本色生产生活方式、原真性民俗文化为基础，以村庄聚落的原有布局为本底，以最少的人工干预和谐处理人与环境、人与人之间的关系。各地农村应该努力寻求和开发具有浓郁地方特色的文化资源，树立品牌，打造形象。同时，还要实行小区域内的差异化战略，与同县或者同区的类似产品，在内容和风格上应该有明显的距离和层次。要注重发展体验式旅游，其是体验经济时代消费的必然需求，尤其对于文化旅游而言，只有通过体验的方式才能真正了解其深层文化内涵。运用主题形象再现、风情环境再现、人物故事再现、虚拟时空再现、历史事物再现和传承升华六大手法，在创新与创意中追求文化体验的提升。同时要注意将文化资源进行物化，形成有形的旅游产品和商品，为游客所购买和消费，这样才能实现旅游开发的经济效益。

依托农村特色文化资源，促进农村特色文化产业发展，着力强化顶层设计、产业布局、资源保护利用、人才培养，积极探索发展农村特色文化产业的路径和模式，建设一批特色鲜明、优势突出的农耕文化产业示范区，创建一批特色文化产业乡镇、文化产业特色村和文化产业群。紧紧抓住大力实施乡村振兴战略、乡村经济换代升级的良好机遇，大力发展具有浓郁乡土特色的民间艺术和传统手工技艺，实施传统工艺振兴计划，拓宽传统技艺的市场化道路，促进传统工艺提高品质、形成品牌、带动就业，激发产业效应，加快特色文化产业与旅游等相关产业融合发展，通过丰富产品体系、延伸产业链条、提高品牌价值等，不断提升特色文化产业创新能力和发展活力，把产

业培育与发展落到乡村产业兴旺、农民增收、文化繁荣上来，为推动乡村振兴绿色发展提供持久动力。通过财税政策、土地政策、政府服务等方面的优惠和倾斜，编制文化旅游发展项目名录，以指导财政补贴、引导企业投资，着力打造一批传统村落旅游精品景区，建设一批传统村落文创基地，培育一批特色旅游村落，推出一批文化创意商品，促进文化资源与现代消费需求的有效对接，形成具有国际影响力的产业体系。

四、加强农村文化队伍建设

农村文化干部队伍是农村文化的主力军、先锋队，在农村文化传播中起着非常重要的作用。要始终坚持"以人为本"的原则，采取措施努力培养培育一支基层文化队伍，建立一支热心农村文化工作、业务素质高、对农民群众怀有深厚感情的文化工作干部队伍。

（一）稳定农村文化队伍，充分发挥他们的作用

农村文化队伍是一支活跃农村文化生活和加强农村精神文明建设的重要基础力量。这支队伍长期扎根农村，立足基层，有着强烈的事业心，积极努力工作，与广大农民打成一片，为农村文明建设做出了重要贡献，发展农村文化事业，要紧紧地依靠这支队伍。但由于农村条件比较艰苦，广大的农村文化工作者在工作、生活中仍存在一些困难和问题。我们要根据新形势下农村文化工作的实际，研究制定稳定农村文化队伍的政策，采取措施，充分发挥这支队伍在农村文化建设中的主力军作用。各级文化主管部门要想办法帮助他们解决困难和问题，解决好他们的编制、待遇和福利，解除他们的后顾之忧，让他们稳定思想，增强他们的工作信心，促使他们安心文化工作、乐于文化工作。

（二）采取多种途径提高农村文化队伍的素质

发展农村文化事业，提高农村文化工作水平，关键是要提高农村文化队伍的素质。各级文化主管部门要制订农村文化队伍的培训计划，充分利用群艺馆、文化馆和艺术院校的师资力量，采取"选调培训"和"下乡辅导"相结合的办法，进一步加大乡镇文化专干和农村文艺骨干的培训力

度;采取函授、选送到文化艺术院校深造、从艺术院团派教员到农村举办培训班等形式,为农村文化工作者提供学习机会,提高他们的思想水平和业务能力,以适应新形势下农村文化工作的需要;要加强对民间艺人的关心、引导和管理,充分发挥他们在传承和发展民间传统文化方面的作用;要重视培养农民文化积极分子和农村文化带头人,建设一支永远不走的农村文化队伍;要在积极挖掘和保护好农村传统节目的基础上,由文化部门专门成立辅导队,加强对农村文娱活动分子的业务指导,努力做到每村有几支能拉得出的队伍;将农村文化队伍培训基金纳入各级财政预算,落实专项经费,建立农村文化队伍扶持专项资金,采取以奖代拨的办法,扶持农村业余文艺队伍发展壮大,保护农民自办文化的积极性。通过这一系列的措施,培养一支政治思想好、责任心强、有一定专业素质和较强组织能力的农村文化从业人员队伍。

(三)依靠强有力的政策保证,通过有效途径吸引专业人才

各级政府应制定一些优惠政策将那些具有较高政治思想素质和较高业务能力的人员以聘用的形式吸引到农村文化队伍中来。还要大力调整农村文化工作队伍结构,鼓励、引导高校毕业生从事农村文化工作,选拔优秀大学生到农村乡镇文化站工作。深化各文化单位内部机制改革,选拔优秀人才担任文化骨干,采用聘用、专兼职配备的农村文化从业人员。面向社会招贤纳才,解决文化事业单位青黄不接、人才奇缺问题。

五、开展丰富多彩的文化活动

文化建设的根本目的,是丰富人民的文化生活,满足人民日益增长的文化生活需求,促进社会主义精神文明建设。各级文化主管部门和文化单位,要根据广大农民的需要,积极组织开展各种丰富多彩的文化活动。

(一)搞好文化下乡活动和文化扶贫

近年来倡导开展的文化、科技、卫生"三下乡"活动,取得了很大成绩,受到了广大农民的欢迎。要认真总结经验,制订和落实文化下乡计划,动员和鼓励文化单位和广大文化艺术工作者投身到文化下乡的行列。

要坚持面向基层、深入基层。文艺团体要坚持送戏（节目）下乡，解决农民看戏难的问题。要继续关心和重视农村儿童的文化生活。群艺馆、文化馆、图书馆、电影公司等单位要深入到农村去，为农民送书、送电影、送文化科技知识。文化部门要继续联合教育、科技、卫生和共青团、妇联等部门与组织，在农村开展综合性的文化活动。文化下乡是一项长期的任务，要从当地农村实际和农民的需要出发，讲求实效，持之以恒，形成制度。要大力扶持农村地区的文化建设。各级文化主管部门要重视文化扶持力度，推进文化事业的发展，逐步解决农民文化生活贫乏的问题。

（二）积极开展农民读书活动

倡导农民读书，传播科学知识，是提高农民的科学文化素质，实施"科教兴国"的需要。要进一步加强农村图书馆（室）建设，大力发展流动性的汽车图书馆，在农村开设书刊流动业务点，发动社会各界捐书助农。支持农民自发成立群众性读书组织，开展读书活动，组织引导农民读书致富奔小康。

（三）搞好农村电影发行放映工作

电影是深受农民喜爱的一项文化艺术，对于丰富农村文化生活，提高农民思想道德与科技文化素质具有不可替代的作用。各级文化主管部门要采取措施，加强农村电影发行放映工作，大力扶持农村电影放映，为广大农民提供更多的优秀影片，丰富农民文化生活。

下 篇
乡村振兴背景下的人力资源开发研究

  长期以来，我国始终存在着城乡二元结构问题，这极大地阻碍了城乡一体化发展。为了解决这一问题，我国开始不断进行探索。党的十九大报告中提出实施乡村振兴战略。作为参与乡村振兴的重要力量，农村人力资源开发的正确与否不仅会影响到生产力的发展水平，还会进一步影响到我国的综合国力。基于此，我国要想在短时间内完成现代化建设的任务，就必须利用一切可以利用的方式全面开发人力资源，提升人民素质。就目前来看，我国农村人力资源具有数量众多、质量较低的特点，这使得乡村振兴战略的实施受到了一定的阻碍。因此，当前农村人力资源开发的关键在于提升质量，我国应该在加大人力资本投资力度的同时，合理利用农村人力资源，推动农村事业的可持续发展。

  在乡村振兴背景下，农业、农村、农民问题仍然是关系国计民生的根本性问题，必须始终把解决好"三农"问题作为全党工作重中之重。要坚持农业农村优先发展，按照产业兴旺、生态宜居、乡风文明、治理有效、生活富裕的总要求，建立健全城乡融合发展体制机制和政策体系，加快推进农业农村现代化。

  本篇将在乡村振兴背景下，对人力资源开发展开研究，主要从农村人力资源开发的基本内容、现实情形以及新型职业农民等方面入手。

第五章 农村人力资源开发基本内容

农村人力资源开发是一项庞大而复杂的社会系统工程，其内容以人的全面发展为最高目标，以提高农村人力资源质量为核心，以充分开发人的潜力为宗旨。本章将主要针对农村人力资源开发的基本内容展开研究。

第一节 人力资源开发的相关概念与理论支撑

一、人力资源开发的相关概念

（一）与人力资源相关的概念阐释

1. 人力资源

人力资源是指能够推动经济和社会发展的劳动力的能力，即已经投入经济建设和社会发展活动但尚未投入经济和社会发展活动的人口的能力。人力资源概念有广义和狭义区分。从广义上讲是指一个国家或地区的人口总量，它决定着该国家或地区劳动力资源的数量及其变动。从狭义上讲是指具有劳动能力人口的总和，就是通常意义上的劳动力资源，或是总人口在经济上可供利用的最高人口数量。

2. 人力资本

人力资本的概念最早是被誉为"人力资本之父"的舒尔茨提出来的。舒尔茨认为，人力资本是通过对人的投资形成的，主要指凝聚在人身上的知识、技能、体力（健康状况）、经历、经验和熟练程度所构成的资本。在货币形态上就表现为提高人口质量、提高劳动者时间价值时所支付的各种费用。①一般意义上，人力资本指劳动者受到教育、培训、迁移、保健等方面的投资而获得的知识和技能的积累。由于这种知识与技能可以为其所有者带来工资等收益，因而形成了一种特定的资本，具体到农村人力资本包括农民的知识水平、健康状况和农业生产技能等。

3. 人力资源与人力资本的区别和联系

人力资本与人力资源密切相关，但是两者具有不同的内涵、内容和侧重点。

首先，人力资源的含义在外延上要宽于人力资本。同时，人力资本与人力资源具有不同的研究视角，两者的侧重点是不同的，人力资本主要是从投入—产出的角度来研究人力在社会和经济发展中的作用，人力资本的研究关注收益问题，即投资是否划算以及收益率的情况，人力资本投资不可避免地存在风险。而人力资源是将人力作为财富创造的源泉来看待，主要是从人本身的体力和脑力等方面的潜能与财富间的关系来考察的，人力资源所涉及的范围更广。

其次，资源一词主要是个存量概念，而资本则兼具有存量和流量的性质，因此，人力资源和人力资本具有一般的资源和资本的特征。人力资源的狭义概念通常是指经济活动人口质和量的统一，其存量表现为质和量的乘积。而人力资本从生产的角度来看往往与流量核算相联系，表现为劳动者体力、脑力的消耗和产出量的变化，经验的不断积累，技能的不断改进，知识的不断获得等；从投资的角度看，人力资本又与存量相关联，表现为知识的增加程度，技能的提高程度，健康状况的改善程度等。

最后，两者的表现形式是不一样的，人力资源量的规定性表现为一定时空范围内经济活动人口的数量，而人力资本量的规定性则表现为投资于教育、培训、健康等方面的资本在人身上凝结的多少，即被投资者知识的多少、技能的高低、健康状况的优劣等，而这恰恰又是人力资源质的表现。因此，从某种程度上说，人力资源开发就是人力资本投资。人力资源

---

① 葛荃，滕玉成. 基于城乡一体化的农村人力资源发展研究[M]. 济南：山东大学出版社，2010：27.

与人力资本的联系表现在：首先，在生产经营活动中，两者都是需要投入的要素，无论是在政府部门、企业、还是学校，都需要投入人力资源和人力资本，投入的人力资本也可以看作人力资源；其次，人力资源是人力资本形成的基础和人力资本投资的对象，无论何种人力资本，都是通过对人力资源进行投资所形成的。同时，通过人力资本投资，人力资本最终又转化为新的人力资源，成为新的人力资源进一步开发和管理的对象。

4. 人力资本与经济增长的关系

对人力资本进行投资不仅能使自身的收益递增，而且可以使其他投入要素的收益递增，从而使经济增长得到强化。20世纪80年代，罗伯特·卢卡斯（Robert E. Lucas, Jr.）等人针对新古典增长模型的缺陷，提出将人力资本内生化的新增长理论，说明技术进步和人力资本对经济增长的重要意义。罗伯特·卢卡斯1988年在《论经济发展的机制》一文中提出了"专业化人力资本积累增长模式"[1]，在他看来，人力资本与经济增长的关系密切，对人力资本进行投资不仅能使自身的收益递增，而且还可以使其他投入要素的收益递增，从而使经济增长得到强化。其后，经济学家利用新增长模型，对技术进步、人力资本的总量及分配与经济增长之间的关系做了经验研究，一些研究表明人力资本与经济增长确实存在明显的正相关性。经验表明，国家越富裕，其最贫困的1/5人口的平均消费水平也越高，生活在贫困线下的人口也越少。

（二）人力资源的性质、结构及特点

1. 人力资源的性质和结构

从人力资源的性质上来划分，人力资源由数量和质量两个方面构成，是人口数量与质量的统一。从人力资源的结构来看，人力资源可分为人口资源、劳动力资源、人才资源三类。人口资源是一个国家或地区的人口总和，是一个最基本的底数，基本上是一个数量概念；劳动力资源是一个国家或地区有劳动能力并在"劳动年龄"范围之内的人口，偏重于数量；人才资源是一个国家或地区具有较强的管理能力、研究能力、创造能力和专门技术能力

---

[1] 何承金. 人力资本管理[M]. 成都：四川大学出版社，2000：44.

的人们的总称，它重点强调质量方面。由此可见，人口资源与劳动力资源突出了人的数量和劳动者数量，人才资源主要突出人的质量，而人力资源则包含质量、数量两个方面。人才资源包含人力资源；人力资源包含劳动力资源；劳动力资源包含于人口资源。从"质量内涵"方面去考察，人口资源仅仅是一个数量概念；而劳动力资源的最低要求是具有初级劳动能力的适龄人口；人力资源虽然明确提出了质量要求，但这种质量是有高低之分的，按照人力资本积累程度和整合效应状况，人力资源可以分为初级人力资源和高级人力资源，初级人力资源的质量是一种原始的、本能的质量，是遗传得来的低层次的质量，高级人力资源的质量与人才资源的质量内涵是一致的；人才资源重点强调的是质量，是通过人力资本投资形成的质量，这种质量可以释放出巨大的能量，是创造性劳动的主力军。

2. 人力资源的特点

（1）人力资源的生物性。是指人力资源存在于人体之中，是一种活的资源。

（2）人力资源的能动性。能动性是人力资源区别于其他资源的最根本的特征。与其他资源相比，人力资源是唯一能起到创造作用的资源，人力资源能够积极主动地、有意识地、有目的地认识世界和利用其他资源去改造世界，推动社会和经济的发展，因而在社会发展和经济建设中起着积极和主导的作用。人力资源的能动性具体体现在人能够接受教育或主动学习以丰富自己的知识、提高自己的技能，能够自主地选择职业，更重要的是人力资源能够发挥主观能动性，有目的、有意识地利用其他资源进行生产，能够不断地创造新工具、新技术，推动社会和经济的发展，推动人类文明进步。

（3）人力资源的时效性。可以从两个方面来理解：一方面，人的生命经历的时期从婴幼儿期、少年期、青壮年期到老年期这些自然的时期，不同的时期人力资源的可利用程度不同。从个体成长的角度来看，对人力资源的使用也要经历培训期、试用期、最佳使用期和淘汰期的过程。另一方面，人力资源所拥有的知识、技能等要素相对于环境和时间来讲是有时效性的，如果不及时更新就难以满足不断变化的要求。人拥有的知识技能如果得不到使用和发挥，也可能过时，或者使人的积极性降低。人力资源管理过程要尊重人力资源的时效性特征。

（4）人力资源的再生性。这主要是指只要使用得当，人力资源可以不断得到恢复和补充，并可以不断地使用。如体力的恢复，疾病的康复和知识技能的更新和学习。人力资源能够实现自我补偿、自我更新、持续开发。人力资源的自然磨损是不可抗拒的，但是人们可以通过医疗、保健和锻炼等各种途径来减缓这种自然磨损的进程。人力资源的无形磨损是可以积极防范甚至在锻炼程度上予以避免的，人们可以通过不断学习、积极进取、经验积累和培训开发等途径不断更新和丰富自己的知识、技能、经验以消除或避免无形磨损。这些都要求人力资源管理要重视员工培训与开发以及医疗保健等方面。这一特征还要求人力资源的再生产必须与社会再生产的其他方面协调一致，如人们的作息时间与单位的工作时间或农业的生产时间相一致。人们所补充、更新的知识应是当前社会所需要的，由于社会在不断发展，因此应当终身学习。

（5）人力资源的社会性。人力资源不同于其他资源的显著特征之一就是其社会性。人力资源的社会性是指人是社会人。从宏观层面上看，人力资源的获取与配置要依赖于社会，人力资源的配置与使用从属于社会分工体系；从微观层面看，人类的劳动是社会性劳动，不同的个体参与社会经济活动中的社会分工。这些构成了人力资源社会性的客观基础。另一方面，人生活在社会与群体之中，每个群体或民族都有自身的文化特征和价值取向，这些都会通过群体中的个人表现出来。个体不同的价值观会影响到个体在社会活动中的行为。另外，因为人是社会人，除了追求经济利益，还要追求包括社会地位、声誉、精神享受以及自我价值实现等多重目标的实现。在实现这些目标的过程中，个体能力和潜能的发挥不仅会带来生产力的提高和社会经济的发展，而且会产生社会性的外部效应，如人的素质的提高会提高社会文明程度、能够使人有意识地保护并改善自然环境等。因此，从本质上说，人力资源是一种社会性资源。

（三）人力资源开发的基本含义

人力资源开发包含的基本含义有两方面，即人力资源的利用和发展。

人力资源的利用，是指人力资源存量转化为现实生产要素、经济要素的过程；人力资源的发展，不是指随人口总量变化而出现的人力资源总量增加这种数量变化关系，而是指在人力资源某种存量的基础上进行的潜力的挖掘、内涵的充实、禀赋的提高。人力资源开发主要是对人力资源数量和质量的全面和全过程开发。它是指以发掘、培养、发展和利用人力资源为主要内容的一系列有计划的活动和过程。人力资源开发以人力资本投资为前提，包括人力资源的教育、培训、管理以及人才的发现、培养、使用与调剂等环节，通过政策、法规、制度和科学的运用，提高人的素质和能力，挖掘人的潜力。

二、人力资源开发的理论支撑

（一）学习理论

早期的学习理论关注的是个体的学习行为，关于个体的学习理论主要有三种：行为主义、认知主义和人本主义。行为主义认为学习的过程就是一个不断对刺激产生反应的过程，因而学习的产生就是一个对所希望的结果不断强化的过程。[①]行为主义关注的是人们的行动而不是人们的思想。与之相对应，认知主义强调人的思考对于学习过程和学习效果非常重要。认知主义关注人们对信息的接收、组织和处理，并且强调人们可以根据以前的知识和经验来构建自己的认识。人本主义强调人是学习的主体和中心，人应该决定学习的内容、手段和目标。

随着人力资源开发领域的不断扩展和重要性的不断加强，以及其他学科的发展，人们对学习的认识从个人层次提高到组织层次，即从整个组织的角度来设计和实施学习活动，以满足组织发展的需要。于是，关于组织学习（Organiz-ational Learning）和学习型组织（Learning Organization）的理论出现了。组织学习理论关注的是在组织系统层次上的学习，该理论强

---

① 刘春芝，姜莹，韩莹. 首都职工素质建设工程专版教材自我发展与团队管理[M]. 北京：中央广播电视大学出版社，2016：26.

调个人层次上的学习是组织学习的必要条件但不是充分条件。组织学习有两个层次：第一个层次是从失败和教训中学习，来修改组织所采取的行动（单循环学习），第二个层次是检验和改正所采取的错误行动背后的原理和假设（双循环学习）。双循环学习在组织中虽然并不多见，但却是组织提高学习能力的关键。彼得·圣吉（Peter M. Senge）于20世纪90年代提出了学习型组织的概念。[①]学习型组织是一种灵活、能不断适应变化、能不断自我学习和更新、充满创造力、能持续开拓未来的组织。学习型组织有五个要素：系统思考、思维模式、共同前景、团队学习和个人进取。

（二）系统理论

学习理论从个体层次提高到组织层次离不开系统理论的影响和贡献。进入20世纪80年代以后，美国的经济竞争力逐渐下降，开始在世界市场上失去大量份额，日本经济却全面增长。帮助日本重建战后经济的戴明（Deming）的"全员质量管理"哲学在美国得到了广泛的接受。系统论的观点是戴明哲学的核心内容。根据系统论观点，一个系统应是开放的，系统内部的各个部分相互依存和相互作用，应为系统的总体目标做出贡献。以系统论观点来看待人力资源开发，就不能把人力资源开发看作是组织中一个孤立的事件，它应是整个组织系统中的一部分。在从事人力资源开发活动时，不仅要考虑组织系统对活动的影响，还要考虑活动对实现组织战略所做的贡献。

（三）效绩理论

学习从个人层次上升到组织层次，其最终目的是提高组织的效绩。20世纪80年代后期，效绩这个词出现在人力资源开发的定义中。效绩理论的出现，标志着人力资源开发从以"学习"为中心转移到以"效绩"为中心。这个转变意义重大，因为人力资源开发虽然为组织提供了很多服务，并且这些服务也受到了广泛的欢迎，但这些服务并不都是以提高效绩为中心的。为提高人力资源开发对于组织的战略价值以及在组织中的地位和可视性，人力资源开发必须要为实现组织目标做贡献，必须要围绕组织中关

---

① 吴遵民. 终身教育研究手册[M]. 上海：上海教育出版社，2019：10.

键的效绩要求来开展工作。关于人力资源开发的基本目的是学习还是效绩的问题，至今在美国的学术界还是一个热点的争论问题。根据效绩理论，效绩有三个层次：个人、群体和组织。以下六个因素影响着效绩的提高：

一是激励、奖励、和结果；二是数据和信息、效绩的标准和反馈；三是资源、工具和环境；四是个人的能力；五是动机和期望，雇员对组织的看法；六是技能和知识。

把效绩理论和系统理论相结合，出现了"高效绩工作系统"的概念。这是当今人力资源、组织行为和管理领域广泛谈论的话题。高效绩工作系统是指这样一种组织构建，这种构建能把工作、人员、技术和信息进行最优组合从而产生最高效绩，即能够对消费者需求、环境变化和机会作出有效的反应。把效绩理论和系统理论相结合，还能够在不同层次上对效绩的缺陷和问题作出诊断和分析。

（四）经济学理论

经济学原理中的人力资本理论是人力资源开发的又一个理论基础。根据人力资本理论，人是一种特殊的资本，人所具有的知识、技能和经验能够提高组织的生产率从而给组织带来经济价值。而提高组织的生产率正是人力资源开发活动的一个中心内容。取得经济利益是许多组织存在和发展的基础。所以人力资源作为一种资源，对它的投入必须要能够为组织带来收益。根据经济学原理可以对人力资源进行投入和产出分析，从而论证这部分投入的合理性和必要性。在一个竞争激烈和高速发展的商业世界里，许多组织都面临着资源短缺的问题，而且有限的资源总是流向收益更高的活动。人力资源开发活动要想获得它所需要的资源，必须能够证明它对组织的经济贡献。

第二节　农村人力资源开发的内涵解读

一、农村人力资源的含义

农村劳动力资源是指农村住户常住人口（在本户居住6个月以上人口）中16周岁及以上具有劳动能力的人员。我国农村人力资源主要包括：在农村从事农业生产劳动的农民，来自农村的具有生产能力的在外打工现实的、潜在的劳动者，其中包括农民和农民工、农村知识分子和农民企业家。

二、农村人力资源开发的概念、原则、特点

（一）农村人力资源开发的概念

人力资源开发是指充分、科学、合理地发挥人力资源对社会经济发展的积极作用而进行的数量控制、资源配置等一系列活动相结合的有机整体。农村人力资源开发，是指根据农村的人口、资源、环境和经济等现状，通过各种教育形式提高农村人口的素质，促进农村人力资源的合理配置和利用，推动农村经济健康稳步发展。

（二）农村人力资源开发应遵循的基本原则

1. 以人为本的原则

农村人力资源发展要坚持为人民服务的宗旨，把提高农村人口生活水平作为发展的重心和最终目标，优先发展和保证有利于农村人口素质提高和福利改善的开发内容，努力克服农村发展以自然资源开发和物质资本投资为中心、重视"硬件投资"、忽视"软件投资"的思想倾向，并通过追求农村综合发展而非单纯经济增长优先的发展手段，实现农村人力资源的持续发展。

2. 协调发展与持续发展的原则

可持续发展的核心是PRED协调，即人口（P）、资源（R）、环境

（E）与发展（D）的协调。人作为可持续发展的中心，决定可持续发展的出发点和归宿，人力资源的数量和质量等特性对可持续发展有促进和阻碍作用。人力资源的数量、质量、结构配置与流动等符合PRED协调的要求时，人力资源对可持续发展就具有促进作用，反之则对地区的可持续发展必然产生阻碍作用。如一个地区的农村人力资源数量恰好达到地区自然资源利用和环境保护需求，人力资源的质量刚好符合社会经济发展的需求，人力资源的流动和配置正好与社会经济发展布局相吻合，那么，农村人力资源对地区的可持续发展必将具有促进作用，反之亦然。实施农村人力资源发展，就是要促进人力资源与自然资源、环境、经济社会的协调发展，使其不利于可持续发展的状况，逐渐向适应可持续发展方向转化，并在这一过程中实现。

3. 公平、公正的原则

应缩小不同人群之间的人力差距，实现教育公平，人人享受公平的教育权利。积极发展有利于广大农村人群的教育和培训项目，优先为其提供最基本的医疗卫生服务和医疗保障。农村居民应与城市居民一样，不发达和欠发达地区农村居民也应与发达地区农村居民一样，都能均等化地享受基本教育和基本公共卫生服务的权利，而不是取决于其支付能力。应消除教育资源和卫生资源在分布上存在的地区差距、城乡差距和贫富人群之间的差距。

（三）农村人力资源开发的特点

第一，农村人力资源开发是一种特殊的"资源"开发。由于农村人力资源具有主观能动性、时效性和可再生性等特点，因此人们主要通过教育培训等方式对其进行开发，来增加农村人力资源的健康、智能和技能资本。可以说，农村人力资源开发是一种投资少、见效快、替代性强的实践活动。

第二，农村人力资源开发与生产率提高呈正相关关系。也就是说，随着农村人力资源投入的增加，生产率随之提高，且一般呈倍数增长。一般说来，农村人力资源开发可以起到"一次投入，多次产出""简单投入，复合产出"的开发效果。

第三，农村人力资源开发是整体性开发。由于农村人力资源是一个多部分组成的有机整体，又具有个体差异性，无论是从微观个体看，还是从宏观群体看，农村人力资源的结构都较为复杂，它的形成和发展是一个不断衰退、不断更新、不断成长的动态过程。因此，必须建立对农村人力资源终生开发的系统工程，才能减少现有各种开发工作的重复与局限，才能提高农村人力资源开发的整体效率。在开发内容上，也要把身体素质开发、思想开发、技能开发等统一到农村人力资源开发的系统中来，形成整体开发的合力。只有从本质上把握了农村人力资源开发的整体性，才能高效全面地挖掘农村人力资源的潜能。

第三节 农村人力资源开发的目标分析

一、限制农业劳动力规模

长期以来，大量的农业劳动力滞留在有限的土地上，给农村社会经济的发展带来了沉重的压力，也使农村生态环境遭到极大的破坏。农业剩余劳动力的大量滞留是农村、农民、农业问题产生的根源，因而尽快尽可能地转化和转移农业剩余劳动力是解决"三农"问题的根本措施。农业剩余劳动力是指超过农业生产需求量的劳动力，它有两种类型：一是绝对剩余，即显性剩余劳动力，是指超过农忙需要的劳动力，也就是边际劳动生产率小于或等于零的劳动力；二是相对剩余，即隐性剩余劳动力，是指只在农闲季节呈闲置状态的劳动力，也就是边际劳动生产率大于零小于消费额的劳动力。我国农业劳动力产生剩余的原因在于：一方面，农村劳动力迅速增加；另一方面，由于城乡二元社会经济结构的约束，农村劳动力难以顺利地实现产业转化和地域转移，只能大量滞留在农业、农村。[①]

农业剩余劳动力过多是我国人力资源结构的重要特点，也正是我国整

---

① 许文兴. 农村人力资源开发管理[M]. 北京：中国农业出版社，2005：17-20.

体人力资源的劣势所在。如果农业生产者数量不能相应地减少，农民收入或者务农收入必然相对下降甚至绝对下降。只有控制农业劳动力的适当规模，将农业劳动力向国民经济其他部门大规模转移，才能在农业收入份额下降的同时，维持农民和农业劳动者人均收入不变甚至有所提高，从而逐步缩小城乡差距。

二、培养职业化农民

职业农民是后工业化时代出现的一种新型职业群体，是农业内部分工和产业结构调整的必然结果。农民的职业化是现代农业发展的客观需求，我国要从传统农业走向现代农业，农民的职业化就成为当前亟须解决的关键问题之一。职业农民是农业产业化和现代化的主力军，由于职业农民掌握先进的耕作、经营、管理技术，拥有较强的市场分析和判断能力，善于学习先进的科学文化知识，因而更能适应和推动农业的产业化和现代化发展。职业农民是新农村建设中农民的典型代表和中坚力量，充满着创业的激情与活力。职业农民可以利用富余资金改善农村生产和生活条件，他们绝大多数出生和生活在农村，对农村有深厚的情结。他们拥有雄厚的资金实力，也有意愿投资农村的基础设施建设和公益事业，改善农村的生产和生活条件，发展和壮大农村经济，同时为自己今后的产业做大、做强创造更为优越的环境条件。[①]

职业农民的特点主要表现在：

（1）职业农民主要根据自己的知识、资金、管理水平等从事农业生产经营；

（2）职业农民既可以是本地人，也可以是外地农民、城镇居民，具有流动性和开发性；

（3）职业农民必须具备较高的经营管理水平、科技知识和雄厚的资金实力；

（4）职业农民主要经营园艺、鲜活食品、经济作物、创汇作物等，劳

---

① 何伟. 基于职业农民培养的对策研究[J]. 安徽农业科学，2006（7）：1436.

动附加值高，农副产品的生产和销售完全市场化；

（5）职业农民以集约经营为主，生产规模较大，生产者之间关系较复杂，获取最大利润是生产者之间共同的目标。

职业农民的每一个特征都体现了对农民自身较高综合素质的要求，而农民综合素质的提高必须依靠系统性的人力资源开发，人力资源开发是培养职业化农民的关键性条件。①

三、适当转移农村剩余劳动力

无论是限制农业劳动力适当规模，还是培养职业农民，都需要转移出大量的农业劳动力。但是，转移出来的剩余劳动力必须能够适应城市经济社会发展的需要。

推进农业剩余劳动力转移要兼顾城市与农村两个方面。一要增加农业投入，提高农业劳动生产率，同时建立和完善土地流转制度，推进农业生产的规模化；二要在确保粮食生产的同时，大力发展多种经营，拓宽大农业内部对劳动力的吸纳能力；三要大力发展非农产业，这是农村剩余劳动力转化和转移的关键；四要加快农村城镇化和小城镇建设，这是农业剩余劳动力转化和转移的根本所在。

四、实现农村人力资源的合理配置

所谓农村人力资源配置，是指农村人力资源在其可能的配置空间上的有机组合，它除了包含农村劳动力在地区间、产业间、部门间以及季节间配置以外，还包括农村人力资源数量与质量之间的匹配；在生命周期内安排个体人力资源的培养和使用等。

（1）农村人力资源需要合理配置，是中国农村职业分化的必然需求。目前我国农民分化的职业大体可以分为农业劳动者、农民工、乡（村）集体

---

① 林元. 当代中国农民的职业分化[J]. 华东经济管理，2001（2）：20.

企业管理者、个体或合伙工商劳动者、私营企业经营者、受雇劳动者等几个层次。职业分化是我国农村社会进步的结果和表现，只有将每个人同与其相匹配的职业或岗位结合起来，才能发挥更大的效益，创造更多的价值。

（2）农村人力资源需要合理配置，是由农业产业特点所决定的。从农业生产的对象来说，农业包括种植业、畜牧业、养殖业、副业和林业。在大农业内部，人力资源的配置必须得到优化，只有这样才能使相对落后的农业部门得到相应的发展。从农业的发展阶段来说，农业经历了原始农业、传统农业和现代农业三个发展阶段，在工业发达国家，农业普遍实现了现代化并成为发达的社会产业；而在发展中国家，传统农业与现代农业并存，但都加快了现代农业的发展进程。无论是在发达国家还是在发展中国家，农业已经转变或开始转变为现代高度发达的科学化产业和社会产业。农业的产业化和社会化程度越高，其内部分工则越发达，分工越发达则对其人力资源配置要求越高，因此，只有使人力资源得到最优化配置，才能最大限度地提高农业生产率。

（3）农村人力资源需要合理配置，是由当前农村现状所决定的。目前在我国农村，人力资源外流趋势有增无减，读过书的青年纷纷外出打工，农村大学毕业生不愿返回农村，学有所长且小有成就的早期"打工族"极少回乡投资创业。主要劳动力外出打工，妇女、儿童、老人留守务农。与此同时，日益发展的城镇经济对农村人力资源需求巨大，发展现代农业、建设社会主义新农村急需大量有志有才的青年，而农村目前的人力资源结构显然无法适应这一需求。因此，农村人力资源必须得到重新配置，培养并留住有文化、懂技术、会经营的新型农民，促进不同区域农业劳动力的流动，为发展现代农业提供人才智力基础。[1]

---

[1] 梅志罡. 论建设社会主义新农村背景下的农村人力资源配置问题[J]. 长征论坛，2006（3）：36.

第四节 农村人力资源开发的未来趋势与挑战

一、基于乡村振兴的农村人力资源开发趋势

在乡村振兴建设过程中,通过对农村人力资源的开发,人们最终可以有方向性地培育出以下几种新型农民:

(一)人才型农民

通过注重农村实用人才的培育,极大地壮大了农村实用人才队伍。他们懂技术、会经营、善管理,在实现个人增收致富的同时,也辐射带动了其他人,推动了农村经济发展。

(二)市场型农民

通过对他们进行宣传教育、经验交流、组织参观等形式,培育他们具有先进的理念、宽阔的视野、较强的致富能力,根据市场需求选择经营项目,发展特色产业,利用经济手段追求高额利润。尤其是在网络信息相当发达的当代,让农民及时掌握最新市场信息,从而找准致富的路子是关键。

(三)文明型农民

在人力资源开发过程中,通过对农民思想观念的再教育,大大提升了农民的文化素质,把他们从传统思想里解放出来,让他们树立科学文明的新观念,成为新时代的新型农民,可以很好地为建设和谐社会、稳定社会秩序做出了更大贡献。

二、乡村振兴背景下我国农村人力资源开发所面临的挑战

我国农村人力资源数量大,但总体素质低。"数量大"说明了我国的农村人力资源具有巨大的潜在生产力,有着极大的开发潜力;但"素质低"则是我国农村人力资源的软肋所在。经济增长方式的转变一般指由数量型增长方式向质量型增长方式的转变,而当前我国现有农村人力资源无

法适应这种转变,这使我国农村人力资源开发利用面临很大挑战。

(一)农村人力资源总体文化水平低,发展不均衡

我国农村人力资本存量少,分布不均,主要表现为:农村劳动力文化水平低,文化水平地区间差异大;文化水平分布不均,地区间差异因素与差异程度不同;农村医疗保健条件和设施落后,农民健康状况日趋下降;等等。

(二)农村人力资本积累速度慢,投资不足

21世纪以来,国家相继实施了农村义务教育阶段贫困家庭学生就学"两免一补"(免杂费、免书本费、逐步补助寄宿生生活费)、农村义务教育学校教师特设岗位计划和中小学教师国家级培训计划、农村义务教育薄弱学校改造计划、农村义务教育学生营养改善计划等一系列政策,有力地推动了农村地区的教育发展,使我国农村正规教育总体水平有所提高。但当前我国农村教育总体上薄弱,发展缓慢;农村职业教育和成人教育发展迅速,但供需缺口大;农村教育经费增加幅度大,但绝对量仍不足;农村私人教育投资增加幅度大,但绝对量少。

(三)长期实行的城乡二元结构,影响着农村人力资源的投入

城乡二元结构一般是指以社会化大生产为主要特点的城市经济和以小生产为主要特点的农村经济并存的经济结构。长期城乡二元结构,严重影响着农村人力资源的投入和农村人力资本质量的提升,当前我国农村人力资本流动呈现一种净流出态势。

(四)农村传统的人力资本管理模式的影响

在我国农村各项管理工作中,对人的管理缺乏现代人力资源管理的理念,不能完全提高农民工的工作激情。

第六章 乡村振兴背景下的人力资源开发
——新型职业农民

实施乡村振兴战略，需要充分发挥农民群众的生产建设作用，提高农村劳动者的职业素质，力争在短时间内打造一支懂经营、会生产、专业素质过硬的新型职业农民队伍。本章主要分析新型职业农民的概念、特征及素养要求，探讨乡村振兴战略与新型职业农民培育的关系，并对新型职业农民的培育机制与具体途径加以研究。

第一节 新型职业农民的概念、特征及素养要求

一、新型职业农民的概念

新型职业农民是以农业为职业、具有相应的专业技能、收入主要来自农业生产经营并达到相当水平的现代农业从业者。"新型职业农民"可以从三个方面去理解。

第一，"新型农民"是相对分散小农户而言的，是农民从自给自足的传统小农生产走向商品化、专业化、社会化大生产的根本转变，是解放生产力、推进现代农业和城乡经济发展的历史要求。"新型农民"生产都有适度的规模，产量和质量有技术做保证，产品的营销加工等与市场需求紧密联系；"新型农民"奔小康，能致富，还能带动他人致富。

第二，"职业农民"是相对"身份农民"、兼业农民而言的，是农民从社会地位较低的"身份"走向有尊严、有保障的"职业"的根本转变，是完善生产关系、推进经营体制机制创新和城乡一体化发展的制度安排。

"职业农民"意味着"农民"是一种自由选择的职业,而不再是一种被赋予的身份。从经济角度来看,"职业农民"有利于劳动力资源在更大范围内的优化配置,有利于农业、农村的可持续发展和城乡融合发展,尤其是在当前人口红利萎缩、劳动力资源供给持续下降的情况下,更是意义重大。从政治和社会角度看,"职业农民"更加尊重人的个性和选择,更能激发群众的积极性和创造性,更符合"创新、协调、绿色、开放、共享"的发展理念。

第三,要对"农民"进行重新认识。目前,全国大多数地方仍以户籍作为依据对农民进行界定。随着户籍制度改革的推进,除大城市落户有所限制外,中小城市的户籍将会逐步放开,只要专业从事农业生产的从业者都应该是农民,否则,对农民的认识仍然是城乡分割的思维。为了避免工商资本大规模、长期租用农民耕地有可能带来的"非粮化""非农化"和"粗放生产"的问题,可以农产品数量、单产、质量和科技应用等作为指标,对其是否是"农民"进行科学界定。一般来说,"新型职业农民"是指专业从事一定规模的农业生产经营的高素质、高技能农业从业者。

二、新型职业农民的特征

首先,新型职业农民要热爱农业。干一行,爱一行。从事农业相关工作应该是完全出于自愿,抛弃传统歧视和偏见,对农民有认同感、对农业有亲近感、对农村有归属感,把务农作为终身职业。以对消费者负责、对环境负责、对子孙后代负责的责任心,确保农业可持续发展。

其次,新型职业农民要懂技术,把科技和产业融为一体。我国农业农村经济发展已经到了必须更加依靠科技实现创新驱动、内生增长的历史新阶段。现代农业是技术密集型农业,讲究高产、优质、高效、生态、安全,没有技术支撑根本行不通。新型职业农民是掌握现代农业生产技术的农民,必须掌握科学的种植、养殖技术,用现代科技手段破解种植、养殖中遇到的难题;农用无人机、智能喷灌设备、机械插秧机等先进的农业机械设备已在农业生产领域得到了广泛应用,成功带动了农业的高效发展,新型职业农民应具备使用现代农业装备的能力，成为农业科技的使用者和创造者，成为农业转型升级的新生力量，引领现代农业的发展方向；新型职业农民应善于思考、有创新能力，把互联网科技融入农业中，实现智慧农业；还应该具有较强的品牌意识，打造农产品品牌，实现品牌农业。

最后，新型职业农民善经营，紧抓政策与市场两只手。我国农业农村发展已进入新的历史阶段，农业的主要矛盾由总量不足转变为结构性矛盾，矛盾的主要方面在供给侧。在物质生活不断得到满足的今天，消费者更加注重食物的绿色、有机和安全，尤其是大城市中的中高端消费者。所以，现代农业不仅是数量农业，更是质量农业。不仅要提供大路货，更要生产农业精品，要坚持市场需求导向，主攻农业供给质量，加强绿色、有机、无公害农产品供给。现代农业是大农业，农产品生产的主要目的不再是自产自销，而是种养加、产供销、贸工农一体化大生产，为市场提供商品，实现利润最大化。新型职业农民对政策和市场应有敏锐的洞察力，一方面要跟着政府政策走，在农业生产中不"吃亏"；另一方面要抓住市场信息，使农业生产结构和产品结构与市场需求匹配，使农产品供给数量充足、品种和质量契合消费者需要，为市场提供更加丰富多彩的、高质量的绿色有机农产品。新型职业农民还要在经营中创新，扩宽农产品销售途径，提高农产品附加值，如用互联网销售农产品、打造农产品品牌、在农产品中应用二维码、农业与第二三产业融合，等等。只有这样，才能增加收入，取得较好的效益，也让消费者更加放心。

三、新型职业农民的素养要求

（一）思想道德素养

1. 思想素养

（1）具有坚定的理想和信念

理想和信念是思想道德素养的一个重要方面，坚定和正确的理想信念能够促进一个人思想道德素养的提高。因此，新型农民应该具备坚定的理想和信念。其衡量标准，就是看其是否认同和接受国家和大众的共同理想，除此之外，看其是否有自己的理想，无论是大是小，只要是正确的，就应该勇于坚持、勇敢追求。新型农民还应具备坚定和执着的信念，不会因为环境和他人的想法而轻易动摇，应有对美好生活的向往和追求。

（2）具有较强的政治和民主法制意识

一个人思想道德素养的高低取决于很多因素，但是政治倾向和法制素养是两个不可避免的因素。它们作为思想道德素养的两个方面，对思想道德素养的高低起着至关重要的影响作用。新型职业农民作为新型农民的优秀代表应该具备较强的政治和民主法制意识。其衡量的尺度，就是看他们是否在社会主义核心价值体系的指导下，认同国家的大政方针；是否能做到在自己致富后带领传统农民一起致富；是否具有一定的民主法制意识，积极参与民主活动；是否了解基本的法律常识，能够通过法律渠道维护自身的权益，并能够运用法律帮助传统农民解决实际问题等。

2. 道德素养

（1）具有良好的家庭美德

具有良好的家庭美德，是每个公民在家庭生活中应该遵循的行为准则，具体体现在夫妻之间、长幼之间、邻里之间等关系的处理上。它不仅关系到每个家庭的美满幸福，也有利于社会的安定和谐。其衡量标准是看其能否正确处理家庭问题，善于培养家庭成员之间的感情，尊崇传统的孝道观，长幼有序，善于邻里之间的沟通，不会因为一点小的利益而导致邻里不和。在家庭生活中，看其是否勤俭持家，不讲排场，也不攀比阔气。

（2）具有良好的社会公德

社会公德是指人们在社会交往和公共生活中应该遵守的基本行为准则，是维护社会成员之间最基本的社会关系秩序，保证社会和谐稳定的最起码的道德要求。良好的社会公德，具体包括以下内容。

文明礼貌。文明礼貌是社会交往中必然的道德要求，是调整和规范人际关系的行为准则，与我们每个人的日常生活密切相关。看一个人是否文明礼貌，主要看其是否诚信待人、亲切待人、和他人和谐相处等。

助人为乐。在社会公共生活中倡导助人为乐精神，是社会主义道德建设的核心和原则在公共生活领域的体现，也是社会主义人道主义的基本要求。

爱护公物。对社会共同劳动成果的珍惜和爱护，是每个公民应该承担的社会责任和义务，这既显示出个人的道德修养水平，也是整个社会文明程度的重要标志。

保护环境。热爱自然、保护环境是当今时代社会公德的重要内容。热爱自然、保护环境，从根本上说，是对全人类的生存发展利益的维护，也是对子孙后代应尽的责任。

遵纪守法。遵纪守法是社会公德最基本的要求，是维护公共生活秩序的重要条件。

（3）具有良好的职业道德

所谓农民职业道德，就是指农民在履行社会分工所给予的会职能的活动中，以及在履行本职工作的活动中，所应该遵循的行为规范和准则。一旦农民职业道德失调，那么将产生一系列不利的连锁效应。

具有良好的职业道德，要求新型职业农民从事农业生产经营活动时，必须从职业观念、职业态度、职业技能、职业纪律和职业作风等方面严格要求自己，遵循一定的职业操守，诚实守信、尊重他人、造福社会。

（二）科学文化素养

1. 科学素养

新型职业农民不只是能说会写，或者是统计意义上的教育程度的普遍提高，更主要的是要有崇尚科学的理念，能主动与落后的、封建的、低俗的生活方式告别，并能自觉形成健康、文明、向上的生活方式，有自主自强、艰苦创业、勇于创新的精神。

当今农业科学技术的发展日新月异，生物技术、信息技术、核技术、农业工程等的研究已经取得很大的进展，农村是农业科技成果转化的主要市场，用户主要是农民，这就对新型职业农民的科技素质提出了更高的要求。新型职业农民应言行文明、崇尚科学，破除封建迷信活动等陈规陋习，进一步充实和活跃农村文娱文化生活。科学技术是第一生产力，崇尚科学，就是要让农民自觉讲科学、学科学、信科学、用科学。在农业生产中，要尊重客观规律，积极学习科学文化知识，努力运用科学技术提高农业生产水平，促进农业的产业结构优化升级，从而提高生产效益；在日常生活中，要积极学习科普常识，不断增加生活的科技含量，树立科学信仰，相信科学的力量。

因此，社会主义新型职业农民必须解放思想、更新观念，充分地认识到现代科学技术在农业生产中的重要作用，自觉地学习各种科学文化知识，钻研农业技术，并且自觉地把学到的技术运用到育种、栽培、管理等多个生产环节中去，真正让"科技"这棵摇钱树在广大农村生根、发芽、开花、结果。

世界正处于科技时代、信息时代，对于知识和技术的要求越来越高，科学素养成为公民进行正常生活、生产的基本素质。如果新型职业农民不具备一定的基本科学素养，也就不能掌握好一项就业技能和工作能力。当时代的发展满足人们的物质需求时，人们便开始追求精神生活，而这种需求也要以具备基本科学素养为前提。传统农民相信一些迷信、谣言就是因为他们缺少基本的科学文化素养，失去了最基本的判断能力。提高新型职业农民科学素养还可以抵御这些不良信息、封建迷信、愚昧思想等。农民只有从根本上提升科学素养，才能更好地利用好科学知识和科学方法，从而塑造新型职业农民的自我判断能力和独立思考能力。

2. 文化素养

（1）受教育程度方面

一个人的文化素养高低一般由其文化基础的高低决定。文化基础一般由其受教育程度来衡量。相对来说，一个人的学历越高，其文化基础相应也越好。对于新型职业农民来说，"有文化"是最基本的素养要求，文化基础决定其接受和消化科学信息的能力，决定其不断发展和提升的能力。因此，对新型职业农民来说，设立最基本的文化基础要求是必需的。在新型职业农民培育课题的相关研究和实践中，人们普遍认为新型职业农民必须接受良好的中等或高等教育。对于大多数未来劳动力来说，接受良好的中等或高等教育（至少是中等教育），具备与所从事职业相适应的文化知识水平，除相对偏远和贫困地区外，这对于我国目前的农村教育条件来说，总体上都可以成立。

通过发展农村教育，来提高农民受教育的程度和范围，从而提高农民的科学素养。要加大对农村教育的财政投入，促进教育基础设施建设，高质量普及九年义务教育,使绝大多数农村居民完成正规的义务教育。在此基础上,有较多人完成高中段教育,为未来农民储备必需的科学文化基础。在经济欠发达地区,要重视和发展中等职业教育,使更多的农村居民接受职业技术和职业能力教育。大力开展农民科学文化培训,积极调动社会资源,开展丰富多彩的科学文化活动,提高农村劳动者的科学文化素养,提升农民学习科学文化知识的积极性,形成农民热爱科学文化的良好氛围。

(2)人文素养养成方面

文化是人类在长期发展过程中创造出来的精神财富和物质财富的总和,包括艺术、文学、自然科学、人生观、世界观、方法论等意识形态和非意识形态。公民文化素养是人在精神领域的创造物,包括科学素养、道德伦理素养、人文素养、宗教文化素养、文学艺术素养等。人文素养是一个人所具备的最基本的素养,影响个人的发展方向和价值观的确立。人文素养主要指:在注重以人为中心的文化理念当中,注重突出有关人的个人理想、内心信念、正确的价值观、审美观、文化品质、自我创造能力、创新精神等。对于新型职业农民来说,就是要把人文素养的基本要素内化为自身素养,从而成为具有丰富的人文情怀、高品质的人格修养、高尚的情操和崇高的道德责任感的新型农民。

(三)职业技能素养

通俗地说,技能就是掌握和运用专门技术的能力。新型职业农民所应具备的技能素养,是指这一特定群体在技术、管理等方面所具有的基本品质,即必须掌握一定的农业科学技术,其中包括农业生产技能、农业科学试验与新技术推广能力、农业经营管理能力。

1. 农业生产技能(以种植业为例)

(1)基本要求

掌握现代农业专业必备的基础知识和技能,具有科学生产、规范操作、绿色环保的意识,在农作物栽培、有害生物防治、技术引进与推广服务、农产品贮运与加工等相关领域具有熟练的技术。

(2)知识要求

①了解植物体的基本构造及生长发育规律等知识;

②了解农业科学实验和农业推广、农业机械、植物病虫草鼠害防治、农业生物技术知识；

③掌握农作物、经济作物生产、栽培及田间管理知识；

④掌握农产品贮藏加工、农产品营销所必需的知识；

⑤掌握农作物有害生物防治技术、农药使用与经营的知识；

⑥掌握生产无公害农产品、食品安全、标准化生产等知识。

（3）技能要求

①具有农作物生产、经济作物生产、农产品加工、农药使用与营销的基本技能；

②具有在某一领域进行集约化生产经营的能力；

③具有常用农机具的使用与维护的能力；

④具有农业科学实验和农业新技术推广的能力；

⑤具有植物病虫草鼠害防治、农业生物技术运用的能力；

⑥具有计算机基本操作、信息获取和分析加工与运用的能力。

2．农业新技术、新品种应用和采用能力

（1）基本要求

了解农业科学实验中田间试验的基本原理和方法，掌握常用田间试验和一般生物统计方法，能够进行试验结果的统计分析及总结；了解农业新技术推广的原理、程序和方法，能够进行农业新技术推广项目的制定与管理。

（2）知识要求

①了解农业科学实验的基本概念和基本原理；

②理解常用田间试验设计与实施方法；

③掌握田间试验的常用统计分析方法；

④了解农业科学实验的总结、鉴定、申报方法；

⑤掌握农业新技术推广的基本原理和基本方法。

（3）技能要求

①能够进行农业科学实验的田间实验设计；

②具有田间试验的实施能力；

③能够进行田间试验资料的收集与整理，试验结果的统计分析；

④具有农业新技术的推广能力，会进行简单的推广评价和总结；

⑤能够撰写规范实用的试验总结；

⑥具有计算机基本操作、信息获取和分析加工与运用的能力。

3. 农业经营管理技能

（1）基本要求

新型职业农民经营管理技能是指新型职业农民根据市场需求变化来合理组织、控制农业生产的能力。掌握现代农业经营管理技能，必须掌握一定的生产经营、市场销售等方面的基本知识，包括观察与应变能力、风险承担能力、科技信息与市场信息获取能力等；要具备一定的质量意识、法制意识；了解市场经济运行的规律，掌握科学的经营观念、管理方法，能自觉地按照市场的需求来配置农业资源，开展农业生产活动与农业创新，从而适应市场竞争。经营管理是社会化生产劳动的产物，社会分工越精细，商品化生产程度越高，市场经济越发达，越需要加强经营管理。

农民的经营管理知识越丰富，参与市场竞争的意识越高，进行规模化、专业化生产经营的能力就越强，增加收入的渠道就越广。新型职业农民的经营管理技能是其经营管理素养的精神实质，主要体现在以下五方面。

一是市场意识。新型职业农民必须具有市场意识，善于围绕市场需求组织生产，而不是困守在自己的"一亩三分地"上，日出而作，日落而息。需要将目光盯紧市场，要善于研究市场需求，善于捕捉市场机会，根据市场需求决定生产什么，生产多少，如何组织生产。

二是信息意识。新型职业农民要善于在瞬息万变的市场环境中捕捉各种有价值的信息，抢占市场先机，从而掌握生产经营的主动权。在市场环境下，信息是一种关键性的资源，对信息掌握的程度是获取市场机会的决定性因素。这要求农民通过多种渠道，采取多种方式，主动深入研究市场，搜集信息并分析信息，在对信息充分了解的基础上，作出生产经营的决策。

三是创新意识。创新是永葆市场主体生命力的能量之源，离开了创新，任何产品都将在激烈的市场竞争中被淘汰。而在产品设计或产品销售方面的创新，则往往能够为产品拓展市场带来意想不到的收益，大大增加产品的竞争力。

四是质量意识。在市场经济条件下，由于各种消费品都极大丰富，质量便成为特定产品和服务是否有生命力的核心因素。新型职业农民不论是生产农产品，还是从事其他行业的工作，都必须追求质量，唯有如此才能赢得顾客，获得持续增收的机会。

五是竞争意识。任何等待、依赖、消极回避的心态，都将损害市场主体的竞争力。对于职业农民而言，也要遵循市场机制作用的原理。新型职业农民只有培养起竞争意识，积极主动参与竞争，寻找机会，承担责任，才能在激烈的市场竞争中立于不败之地。

（2）知识要求

①熟悉养殖技术、家畜病虫害防治、家畜繁殖、养殖业发展等知识；

②了解农业产业化经营的相关知识；

③掌握农产品营销手段、营销策略、营销技巧、营销方案制订等知识；

④了解涉农法律法规、财务管理等知识；

⑤掌握农产品流通规律、流通过程、流通程序、农产品代理技能、经纪人规则等知识；

⑥了解农业技术推广理论、推广实践、农业推广程序等知识。

（3）技能要求

①能够对农业专业合作组织、家庭农场等相关农业经营主体进行管理；

②具有农产品加工、销售及服务的能力；

③能够分析农产品市场供求关系、农业生产要素、农业家庭经营、农业产业化发展、农业结构调整的现状和趋势；

④能运用财务管理、人力资源管理等知识，对企业内部资金、人力资源、财务等进行管理；

⑤能够运用种养殖基本知识，开展相关农业项目情况的调查、数据统计、总体评价；

⑥熟悉计算机操作，能够运用信息技术的相关知识管理产业和农产品销售服务。

第二节 乡村振兴战略的实现依赖于新型职业农民

一、新型职业农民培育与乡村振兴战略的关系

（一）新型职业农民与一般农民的区别

新型职业农民是传统农民经过培训后掌握了一定的科学文化知识，具有较先进生产能力及经营能力的农民。新型职业农民具备了一般传统农民的特点，即根植于农村，对农村有着深厚的感情，主要从事农业生产。传统农民仅是一种身份，以传统的耕作为谋生的手段，文化素养相对较低，生产方式落后，而新型职业农民是一种职业，不再是身份，不仅有着较强的市场风险意识、经营意识，还有着高度的社会责任感和现代经营观念。新型职业农民不再满足于原始劳作，而是追求规模化、机械化生产，注重生产效益，具有现代经营理念。

（二）新型职业农民是乡村振兴的主力军

随着我国对新型职业农民培养力度的不断加大，越来越多的传统农民转型升级成为新型职业农民，大学毕业生、退伍军人、返乡农民工等也加入新型职业农民队伍，为农村经济发展注入新鲜血液，新型职业农民逐渐走向农村大发展、大繁荣的舞台，是新时期乡村振兴的主力军。新型职业农民作为乡村农业人才的代表既是农业生产的主体，也是农业经营的主体，更是转变农业发展方式、创新农业经营方式的倡导者，并成为实现农民增收和推动乡村振兴战略发展的主体。实现乡村振兴战略需要新型职业农民这一支柱力量，他们是推动乡村振兴战略的内在要求。

（三）乡村振兴促进新型职业农民的发展

随着乡村振兴战略的实施，乡村的面貌日新月异，农村人也逐渐过上像城市人一样的生活，跳广场舞、看电影、开展文艺活动、泡图书馆等，新型职业农民不管是在物质方面还是精神方面都能得到进一步满足。

二、乡村振兴战略下新型职业农民培育的必要性

新型职业农民对于激发农村发展动力具有重要作用。乡村振兴战略背景下培育新型职业农民，是乡村农业转型的需要，是共同富裕、全面小康的需要，也是应对农村空心化问题的需要。

（一）现代化农业生产的内在要求

发展现代农业，人是第一要素，培育新型职业农民是根本战略措施。当前我国农村居民劳作方式仍是体力劳作占较大比例，多数农业生产者是以过去老经验作为主要参考依据，他们的文化素质、科技素质以及经营管理能力无从计量。培育新型职业农民，对于改变传统农民落后生产方式、低下农业生产效率具有重要意义。同时，由于科学技术对于经济发展的重要性越趋明显，新型职业农民培育也是发展农村经济以及实现我国农业转型的内在要求。

（二）完善新农村建设的必经之路

现代科学技术对于经济发展的重要性不言而喻。与其他产业一样，农业发展也同样需要科学技术的帮助，这一点对于新农村建设也是一样的。从广义上来说，新农村建设主要是为了减少当前农村与城市发展之间的差距。这份差距主要始于20世纪城乡二元化发展实施时期。在此之后，城市居民接触到更多科技因素，自身科技以及文化水平不断提升，为城镇化建设提供了宝贵的推动力，这也导致了当前城乡差距较大的问题。而培育新型职业农民，不仅是对农民素质的提升，也是对整个农村发展素质的提升。在现代化农村建设中培育新型职业农民，将会为新农村建设提供管理、技术、文化教育方面的人才，将会带动整个农村居民的素质，进而将更多的农村富余劳动力转变为高水平的农业运作人才，这也是新农村建设的重要宗旨。

（三）实现农村农业转型的需要

乡村振兴战略在一定程度上可以理解为农业、农村的转型、升级、优化战略，是优化农村发展结构，激活农村发展动力，积极应对农村发展面临的现实问题，促进农村的高效发展，促进全面小康的积极战略举措。培育新型职业农民，提高农业经营者素质是农村农业转型的需要。当前，

我国农村农业形势发生转变，一方面表现在青壮年劳动力大量"外流"打工，另一方面表现在我国农业机械、技术水平的逐步提升。因此，我国农业既面临转型的需求，也具备转型的物质条件。而新型职业农民则是农业转型的重要主体力量，是我国农业转型的人才基础。从这个意义上讲，乡村振兴战略背景下培育新型职业农民是农村农业转型的需要。

（四）实现共同富裕的需要

通过培育新型职业农民，使一部分农村产业通过新的、更加科学合理的形式发展起来，使一部分农村人口优先发展起来，从而带动整个农村经济、产业结构等各方面的优化和发展。

（五）应对农村空心化问题的需要

新型职业农民是以农业为职业，具有相应的专业技能，收入主要来自农业生产经营并达到相当水平的现代农业从业者，可分为生产经营型、专业技能型和社会服务型三种类型。所以，培育新型职业农民有利于优化配置农村资源，促进农村产业发展，激发群众积极性、创造性，吸引劳动力向农业、农村回流，有助于缓解农村空心化问题。

三、新型职业农民参与乡村振兴的绩效分析

新型职业农民是具有一定的文化素质，善于经营、精于管理、勇于创新，能够带领群众致富的综合性农业人才，在产业发展、乡村文化繁荣、农村生态环境保护、乡风民俗传承、乡村治理优化等方面都起到了积极的推动作用，逐渐成为乡村振兴的骨干力量。

（一）乡村传统文化得到一定的传承

新型职业农民的高素质表现在对乡村文化有着浓厚的感情，他们积极弘扬农村传统农耕文化，对农村古民居、文化遗迹、传统手工技艺等加以传承与保护，并在实践中不断总结出更具时代精神和地方特色的乡村文化。比如浙江省永嘉县苍坡村，在工业化、城镇化的背景下，新型职业农民积极应对市场经济对传统文化的冲击，始终坚守传统文化的主阵地，将乡村历史悠久的农耕文化有效传承，以兴建村文化礼堂、农民阅览室、远

程教育学习中心等措施加强文化的学习，营造村民共同的精神家园；以建设村史村情展览馆、村规民约、村中能人榜、娱乐活动中心、健身广场等为载体，丰富乡村文化的活动形式。当地新型职业农民在传承乡村传统文化中不忘初心，以红色元素为核心，开展以"红船精神"为载体的红色主题宣讲活动，弘扬老一辈革命家的精神，将本地的革命故事、红色事迹相融合，大力宣传社会主义核心价值观，树立新时代农村新风尚，提升农村优秀传统文化，繁荣发展乡村文化事业和文化产业，建设美丽、和谐的文明乡村。

（二）乡村治理形成"三治于一体"结构

新型职业农民不仅懂经营、善管理，还注重在农业生产与管理中渗透乡村原汁原味的乡风民俗，并在思想观念及文化内涵上将乡风民俗融入现代化元素，积极带领当地村民移风易俗、营造良好的家风、民风、乡风等，保持了农村最朴实的乡风民俗。新型职业农民在坚守原生态、朴实的乡风民俗的同时，以新时代的新理念积极投入到农村各项事务管理中，不仅积极参加具有服务性、互助性、公益性的社会组织，还积极参与村干部竞选，参与乡村治理。一方面积极引导村民有序参与农村基层管理自治，增强村民自我管理、自我服务的能力；另一方面发挥自身道德感召力，增强村民自身道德约束能力。在新型职业农民带领下，乡村的民风更淳朴，村民之间更加和睦，邻里间的矛盾也越来越少，同时村民们的法制意识不断增强，乡村自治能力水平得到明显的提升，乡村社会也更加安定、和谐，逐渐形成了自治、法治、德治"三治于一体"的乡村治理结构。

（三）农村生态经济体系逐渐完善

新型职业农民在发展农业产业过程中，始终把习近平生态文明思想贯穿于农村产业振兴实施的全过程。在注重经济效益的同时更加重视生态环境的保护，坚持农业可持续发展，走绿色低碳发展的道路，以保护生态为最终归宿，重视兴修农田水利、封山育林，形成生态发展与经济发展的良性互动。

新型职业农民注重农村原始生态环境的保护，他们遵循"绿水青山就是金山银山"的发展理念，实现人与自然和谐共生的现代化农业发展模式。一方面，在种植农作物时主要以有机肥为主，开展有机绿色无公害农产品生产，充分利用现有的自然资源，合理有效地开发；另一方面，科学合理布局农业产业，大力发展高技术、低耗能的绿色产业，重点培育生产效率高、抗风险能力强、资源利用率高的新型农业经营主体，逐渐形成以产业生态化、生态产业化为主体的生态经济体系，逐渐建立绿色、循环、低碳的现代农业产业体系。

（四）农民收入呈现稳定增长态势

乡村振兴战略就是要让农民更多地分享现代化经济体系的收益，实现农村美、农业强、农民富，这也是新型职业农民开展创业创新的出发点与归宿，新型职业农民在开展创新创业活动中，培育新产业、新业态，延伸农业产业链，不仅增加了当地农民的就业机会，也拓宽了当地农民增收的渠道，为当地农民带来持续稳定的收入来源。

新型职业农民善于运用新理念、新技术、新装备，在政府及金融机构的支持下，积极培育新型农业经营主体，创新发展新产业、新业态、新模式，主动帮扶小农户，促进小农户和现代农业发展有机衔接，带动贫困农民脱贫致富。据调查，浙江省68.79%的新型职业农民对周边农户起到辐射带动作用，平均每个新型职业农民带动30户小农户。[①]浙江省农村经济发展能取得如此巨大成就，在于重视农村劳动力素质的提升，积极培养新型职业农民，通过学校教育、企业培训、政府买单的模式，培养了一批留得住、用得上、带动性强的新型职业农民队伍，在新型职业农民的引领下，农民的收入实现稳步增长。

（五）乡村第一、二、三产业实现融合发展

高素质农民具有综合型、复合型、领军型的特征，近年来，新型职业农民广泛参与社会主义新农村建设，推动农业产业发展，创新农业经营模式，促进乡村产业提质、增效、转型升级。目前，新型职业农民活跃在农业生产经营的各领域，成为发展新产业新业态的先行者、应用新技术新装备的引领者、创办新型农业经营主体的实践者。

---

① 周瑾，夏志禹.影响新型职业农民从业选择的微观因素分析[J].统计与决策，2018（12）.

在特色小镇建设方面，新型职业农民以特色小镇与乡村振兴融合发展为契机，发展农村经济，开展农村产业规划与特色小镇相结合、农产品加工与销售、农村观光旅游与特色小镇旅游相融合，充分利用当地资源，以乡村特色产业为载体，建设特色农业强镇、休闲小镇、观光旅游小镇等。近几年，在政府的支持及新型职业农民的积极参与下，多地独具特色的小镇逐渐建成，并实现多主体参与、多要素聚集、多业态发展、多模式推进的融合格局。同时，新型职业农民不断挖掘新兴农业业态，不断促进农业产业转型升级，以特色农业为依托，开展农业科技园和农村双创示范基地的建设，培育新型农业经营主体，完善新型农业经营体系，实现农产品产前、产中、产后于一体的现代农业产业体系，第一、二、三产业真正有效融合与发展。

第三节 新型职业农民的培育机制与具体途径

一、新型职业农民的培育机制

培育新型职业农民应从现存的困境出发，以培养能适应新常态，引领现代农业发展的生产经营者和农业接班人为目标，构建起途径多样、协同推进的培育体系。

（一）建立新型职业农民自主提升机制

首先要弄清楚农民为什么会愿意成为新型职业农民，愿意扎根农村以农民为终身职业。现阶段，农民就业有多元选择，其中进城务工成为很多中青年的主流选择，因为当农民工往往可以比务农获取更高的经济收益。一部分农民工在国家政策的引导下成为市民，但很多农民工当前并不愿意完全放弃农民的身份转变为市民，更多地过着城乡两栖生活，到一定年纪后回农村生活。因此，那些愿意在农村务农，坚信务农能获得高收益，接受过一定的职业教育或培训，拥有较高的农村就业能力与较明确的职业发展规划的农民，一旦学会自我提升，提高自身的务农能力，他们很快就能成长为新型职业农民。

内生主导新型职业农民培育，以人本主义为中心，明确以农民为核心，主张农民在就业偏好的影响下，在明确的个人发展规划指引下，学会目标定位与管理，自觉接受学习，根据自身发展目标自学或者采取半农半读、农学交替等方式到中职或高职农业院校学习种植、畜禽养殖、水产养殖、农业工程和经济管理、市场开拓等，或者争取到各类农民培训班学习，从而有目的地、分阶段地提高自身的务农技能和就业创业能力，进而充实现代农业生产经营者队伍。

（二）优化新型职业农民教育培训机制

1. 教育培训主体优化

一是在坚持以农民教育培训公益性机构为主体的基础上，在多元主体上做文章，特别是要多鼓励农业龙头企业参与进来。农业龙头企业有实力、有师资，与培育企业发展所需的农户结合起来有动力。如陕西安康的阳晨培育模式就很值得借鉴。学员免费参加学习，每期开展3个月的培训。首先，1个月的理论学习，依据学员对生猪养殖了解的不同，分2个班分别上课。其次，2个月在阳晨公司中进行动手操作，全程由教师指导，手把手地教，此过程实行轮岗制学习，每个学员每个工种都要干几天，接触不同的岗位，全面了解生猪养殖的各个环节。最后，学员分散回自己的猪场实践操作。认定过程为：培训合格取得结业证书，统一上报到县级主管部门；县级主管部门颁发县级职业农民资格证书；取得资格证书的统一到"星光牧场"实习操作1周；颁发安康市级职业农民资格证书。学员从学习到认证实现一体化。认证后的新型职业农民可到公司成立的养猪产业联盟中承包养殖大棚，农民成为公司的职业养猪户。

二是为鼓励各培训主体提高培训质量，坚持公平、公正、公开的原则，建立起新型职业农民培训机构资源库，更多采取政府购买服务的方式选择培训机构。这些培训机构应能根据不同产业、不同培训对象设计不同的课程，安排不同时间进行系统精细的培训。

三是要充分发挥农业大中专院校的教育培训功能，并尽可能地培养大批量"下得去、留得住、干得好"的高素质新型职业农民，引领现代农业和农村发展。

2. 教育培训内容优化

在培训内容上，要紧密结合当地主导产业和特色产业发展的方向，安排相应的培训内容。即使培育对象在职业定位不清晰的情况下，也可根据东、中、西、东北地区产业的差异化，培育不同专业方向，适应产业发展的各类新型职业农民。

3. 教育培训方式优化

根据培训对象的差异和教育培训内容的不同，可以采取专家授课、专家跟踪指导、农民田间学校参观、师生研讨、广播电视学习或网络自学等形式开展培训。为使新型职业农民尽快掌握新技术，教育培训机构要特别重视后期的跟踪服务：一方面帮助新型职业农民实现从知识到技能的转化，对他们进行技术指导，如产品贮藏、加工、市场营销等各环节的辅导服务；另一方面，创新跟踪服务方式，积极推广服务网络平台、农信通、农业科技网络书屋等信息化服务手段，克服服务困难，提高助推新型职业农民发展的服务效率。

4. 教育培训对象优化

在某种程度上说，国家和地方的教育培训资源利用效率偏低，在教育培训对象选择上应进一步优化。应以新型农业经营主体负责人和有强烈意向在农村发展的青年农民或返乡农民工或返乡大学生作为培训的主体；农业大中专院校在培育新型职业农民时亦应先对其回农村务农的意愿和倾向进行评估，选择有强烈学农、务农意愿的同学进行专门的教育和训练。

（三）健全新型职业农民创业培植机制

新常态下，通过全面深化改革，让一切想创业创新的人都有舞台，让各类主体的创造潜能充分激发、释放。农民是新常态下推动"大众创业、万众创新"中人数最多、潜力最大、需求最旺盛的群体。

1. 新型职业农民创业培植的逻辑机理

如图所示，农民通过农业创业，在创业的过程中得到历练，从而真正成为新型职业农民，扎根农村、发展现代农业。在农业创业的过程中，首先是农民要有创业意愿且拥有与之匹配的创业能力，然后对农业创业机会能够较好地识别，接着作出决策进行创业，最后是产生创业绩效。当农民创业取得成功并创造不错的业绩后，农民自身素质不断得到提升，发展现代农业的信心也将不断增强。

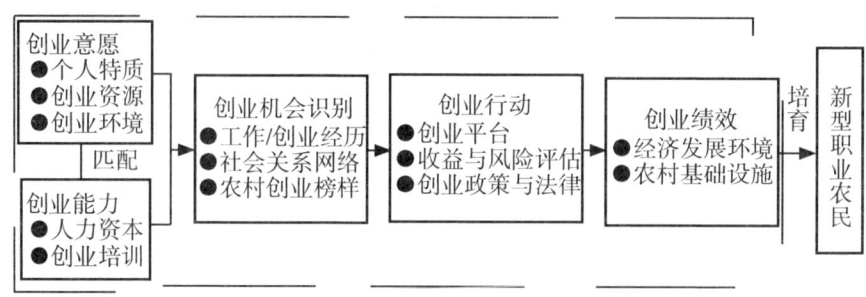

新型职业农民创业培植的逻辑机理图

2. 新型职业农民创业培植SWOT-PEST分析

结合SWOT和PEST两个模型对新型职业农民创业培植进行分析，运用SWOT模型分析判断农民创业在发展过程中面临的内部优势和劣势条件及外部环境带来的机会和潜在的威胁；运用PEST模型分析法全面分析影响新型职业农民创业培植的政治因素、经济因素、社会因素和技术因素。

3. 促进新型职业农民创业培植的建议

进一步优化农民创业环境，增强农民创业意愿。进一步优化农村的基础设施、经济发展环境和创业的配套政策，让愿意留在农村发展的人看到机会，看到农村发展前景；加大对创业典型的宣传，出台和落实农民创业支持系列政策，重点加强农民创业培训，全面提升农民素质，提高农民创业成功率，帮助农民在创业实践中成长成熟。

（四）深化制度创新培育新型职业农民机制

重点在以下制度上进行创新，以促进新型职业农民快速、健康成长。

1. 农村金融制度创新

各商业银行要积极探索支持新型职业农民的新品种贷款，在可控风险的前提下推出一些新的贷款品种，采用更简易的贷款方式。农村信用合作社应积极创新支农惠农服务方式和金融产品，尤其是信用贷，农村土地承包权及流转经营权、水域滩涂经营权、林权等权证抵押贷，农业合作社或有上下游关系经营主体间的联保贷等多种方式，还可以由政府或其授权的保险公司进行担保贷等方式，以确保新型职业农民发展中的资金需求。

2. 推进农村土地产权制度改革

重点在土地承包经营权证、土地流转平台、土地流转方式上取得突破。鼓励和引导农村土地承包经营权向新型职业农民流转，发展多种形式的适度规模经营。政府在财政许可的前提下，要对农村土地流转进行分级、分类补贴，以支持新型职业农民适度规模经营的积极性，抵御经营风险。

3. 农业技术传播制度创新

整合现有科教资源，优化农业科技传播主体，将农业院校和科研院所与现有推广体系结合起来，实现资源共享。充分发挥农业院校与科研院所的作用，保证农民学有其所、学其所需、学有所用。农业科技传播人员要根据农时、农需放下身段，创新方式让新型职业农民及时得到精准化技术服务；充分发挥互联网的作用，多极化服务农民。

（五）完善农业政策激励新型职业农民成长机制

出台系列支持新型职业农民发展的政策措施，最大化地激励新型职业农民在农业和农村的健康成长。首先，用以奖代补的方式对获得资格认定的新型职业农民给予相应的资金补贴或物化补贴，以提高新型职业农民认定的含金量。其次，要出台系列扶持新型职业农民发展的政策，譬如引导农村土地优先向新型职业农民流转并简化手续，强化服务，引导土地整理、小型农田水利建设等各级各类农业基础设施建设项目。新型职业农民优先立项，采取贷款贴息的办法引导贷款向新型职业农民倾斜等。最后，要进一步稳定和完善农产品价格补贴政策和土地流转政策，让新型职业农民真正得到实惠，吃下"定心丸"。

二、新型职业农民培育的具体途径

（一）黑龙江省新型职业农民培育的途径

新型职业农民培育核心是教育培训，必须完善现有培训课程、方式，根据职业农民和生产特点，采用先进培训模式、理念，建立适应现代农业发展的培育模式。黑龙江省作为农业大省，坚持以转变农业发展方式为主线，以提高农业综合生产能力、保障国家粮食安全、确保农民持续增收为目标，实现向农业强省的转变。在"阳光工程"职业培训项目实践过程中，黑龙江省结合本地农业产业结构特点，构建了多方参与、多元融合的职业农民培育体系，搭建职业培训平台、农业专家咨询平台及农业项目跟踪服务平台，采用课堂面授辅导、远程线上培训、参观考察实践培育形式，整合农林牧渔学习资源，为职业农民提供服务。

1. 构建多方参与、多元融合的职业农民培育体系

黑龙江省结合本地农业产业结构特点，利用现有农民教育培训资源，构建由农业高等学校、农业科研院所、农业职业学院、农技推广站、农民合作社和农业企业多方参与的新型职业农民培育体系。"阳光工程"职业培训项目实践中，黑龙江省根据当地农业主导产业和新兴产业确定培育方向，学历教育培训与实用技术培训结合、课堂讲授与示范基地培训结合、长期培训与短期培训结合、集中培训与分类指导结合、线上培训与线下培训结合、技术培训和创业培训结合，构建多元融合的职业农民培育体系。

2. 实现"技能培训+技术指导+项目跟踪"一体化管理

随着信息技术发展，新型职业农民培育必须发挥信息技术优势，建立教育平台，提高互联网时代职业农民培育效果。

（1）建立职业培训平台

职业培训平台专门为职业农民培训建设，为学员提供学习注册、课程选修、资源下载、在线学习、交流研讨、作业提交、师生互动、活动记录等一站式服务，全程记录学员课堂学习、在线学习、参观实践，实现"教、学"互动。培训教师与农民学员间、农民学员与农民学员间，可通过职业培训平台互动交流，还可通过网络视频系统实时沟通，增强培训参与度，提升培训效果。

（2）建立农业专家咨询平台

农业专家咨询平台与东北农业大学农业专家在线系统对接，聘请地方农技推广站专家现场指导。农业专家咨询平台为学员开设账号，学员在生

产中遇到问题可随时登陆专家咨询系统寻求帮助。农业专家咨询平台以在线与非在线答疑方式提供咨询服务。"阳光工程"职业培训项目实施过程中，平台完善了专家结构库建设，目前覆盖种植、养殖、病虫害防治等领域。根据黑龙江省农业结构特点开设农业经营咨询、宠物疾病防治、新农村发展规划设计、农机维修服务等业务，实现远程指导。专家咨询平台亦成为职业农民与高校、科研院所交流的平台，农业专家有针对性地开展科学研究，促进教学与科研发展，解决农民在农业生产、经营中的问题，成为农业科技推广的重要载体。

（3）建立农业项目跟踪服务平台

新型职业农民培育不同于传统农民培训，需要采取更灵活的培育形式。传统农民培训是技术传授，是职业农民培育的一个环节，新型职业农民培育应贯穿职业农民成长全过程。"阳光工程"职业培训项目开通农业项目跟踪服务平台，根据职业农民特点和生产需求，为农民建立个人档案，根据地域、基础、特点等在平台上建立多个学习圈子，培训过程中向农民推送匹配的农业项目，开展分阶段、分类别项目指导，培训结束后，按照项目类别评测学员。

3. 以"远程+面授+实践"培育方式提高农民素质

新型职业农民在文化素质、专业技能上具有较大提高，传统培训方式难以适应新型职业农民培育需要。"阳光工程"职业培训项目建立"远程+面授+实践"培训方式，取得了良好效果。

（1）远程培训，化解"工学矛盾"

职业农民培训过程中应利用信息技术手段，60%课程采用远程培训方式。根据农民特点和需求分组，将信息录入农民教育培训平台。培训教师上传培训资料与学习任务至培训平台，学员自主安排学习时间，完成学习任务。远程培训方式可提高学员学习效率，避免集中培训与农忙季节发生冲突，解决"工学矛盾"。

（2）课堂面授，深化培训效果

课堂面授是远程培训的补充，课堂面授课时占总课时的20%，学员可与教师面对面沟通，解决远程学习的问题。"阳光工程"职业培训项目的课堂面授聘请专家开展现代农业种植技术、北大荒精神、新农村建设、生物技术等专题讲座，通过理论讲解和案例教学，使学员了解现代农业发展趋势，掌握现代农业基本知识，提高学员综合素质与业务能力。

（3）现场实践，凸显实际效果

现场实践教学是新型职业农民培育的重要环节，可开阔学员思路和眼界。现场实践课时占全部课时的20%，组织学员参观考察现代农业企业、国有大型农场等。培训后，安排学员到定点农场、基地实习，学习与实践结合，提高生产、管理、经营水平。

4. 建设以需求为导向的实用性学习资源

新型职业农民培育的学习资源建设应根据不同培育目标，围绕国家政策和本地农业产业结构，突出新型职业农民特点。要创新学习内容，突出"以人为本"主旨，建设种子、农药、化肥等方面的学习资源。"阳光工程"职业培训项目建设了新型职业农民课程资源库，使学员结合需求，自主选择学习内容，提高学习针对性。课程资源库按照新型职业农民培育方向分类建设，生产经营类面向现代农业产业基地建设，适用于发展特色效益农业的职业农民；专业技能类围绕农业生产能力建设，适用于农业专业化生产和产业化经营的职业农民；社会服务类围绕发展农村服务业，适用于农村经纪人、农产品加工人员等。

新型职业农民培育必须采取适应农民学习特点和农业生产规律的方式。培育过程中应利用现有培训机构、服务渠道，创新培育手段，将生产经营过程与跟踪服务结合，提高培育效果。在坚持传统"手把手、面对面"培训指导的同时，利用信息技术手段，实现在线教育培训、移动互联服务、在线技术信息咨询，在培育前、培育中和培育后，为农民提供"零距离"服务。

（二）云南省新型职业农民培育的途径

我国是传统农业大国，新型职业农民的培养是农业发展的一个必要阶段。云南省独特的情况，决定了云南省新型职业农民的培育不能照搬其他发达和相对发达地区的经验与模式，必须探索出符合云南省实际情况的培育模式。

1. 新型职业农民的培育与互联网相结合

互联网的繁荣发展为云南省新型职业农民的培育提供了新的思路，利用互联网可以有效解决新型职业农民培育难的问题。目前，云南省已有新型职业农民培训的互联网项目，具体内容是通过微信、QQ等现代通信方式，或者通过开发新型职业农民培训手机App，利用智能手机普及的优势来帮助农村进行职业培训，为新型职业农民提供学习的机会，与专家进行交流互动，获得基本的现代农业基础知识，农民可自由选择实行一对一的帮扶，确保农民的互联网培训高效精准化。通过交流平台，农民可以及时了解与农业有关的国家政策、全国各地农作物种植种类和数量、农产品生产销售情况的信息，不仅使农业生产信息更加透明，避免盲目种植，同时大大降低了农民获得知识和信息的成本。当前，新型职业农民培训项目正处于起步阶段，还需要不断地进行完善，摸索出一个成熟的培训模式。

2. 新型职业农民培育带头人的选拔

云南省乡村众多，在坝间、山腰上零散分布，农民们交流不畅，不利于农民间的互相帮扶。此外，在云南的农村中，农民的同质性较低，带头人在新型职业农民培育过程中可以起到催化的作用，因此，新型职业农民的培育离不开带头人的选拔。通过带头人，农民间可以更好地进行农业基础知识的交流和农业生产技术的学习，使农民的生产观念得到更新，从而使农民更好地进步，调动传统农民转型的积极性。因此，要树立良好的新型职业农民典范，培养年富力强、具有市场经营头脑、掌握新兴农业生产技术的人才，形成以新型职业农民带头人为主导的规模经济。

3. 新型职业农民与青年回乡创业相结合

云南省新型职业农民培育目前遇到了农民老龄化的困境，寻求新的农民主体是农业发展亟待解决的问题。近年来，中国的大学生、基层务工人员、退役军人返乡人数不断增加，青年回乡创业对于新型职业农民培育是一次机会，要抓住这次契机，通过校园宣传、市场宣传、网络宣传、电视宣传等宣传手段，正确引导回乡创业人员从事现代农业活动。

4. 加大对新型职业农民培育的政策支持

新型职业农民培育处于试探阶段，需要相关部门做出极大的努力对社会各部门进行大力的鼓励和支持。

　　对投入新型职业农民培育的经费要作出明确的规定，同时，指定专门的部门对经费的使用情况进行监管。一方面，使新型职业农民的培育不受金钱的限制；另一方面，可以使经费用到合适的地方。对经费投入的规定应包括新型职业农民的培训费用、返乡创业项目的经费、新型职业农民带头人的补贴等。

　　提高农村的基础设施水平和农民的社会保障水平。农村基础设施水平的提高对于农业生产新模式的发展可以起到促进作用，尤其是利用互联网培育新型职业农民，更要保证互联网基础设施在农村得到普及；农村的社会保障水平与城市存在较大的差距，只有保证农民的基本生活水平，才能吸引农业生产人才全身心地投入到农业生产工作中。

　　完善教育培训。对实施互联网农民职业教育培训机构的教学设施建设和师资队伍建设，以及职业教育培训的课程设置和质量考核等问题作出明确的规定，以充分发挥教育培训的效益。

第七章 乡村振兴背景下的其他人力资源开发

"三农"问题是我国民生的根本性问题，必须始终将解决农业、农村、农民问题作为全党工作的重点。通过实施乡村振兴战略，加速农村经济发展、加快农村现代化转型发展，推动乡村振兴战略的实现。

第一节 "三农"工作队伍建设

一、"三农"工作队伍的基本内涵解读

（一）"三农"工作队伍的含义

2018年中央一号文件明确提出了要加强"三农"工作队伍建设，并将"懂农业、爱农村、爱农民"作为"三农"工作队伍建设的基本要求[①]，这也给"三农"工作队伍提出了一个基本的概念界定。这一基本要求的提出不仅是在技能、素质上对"三农"工作队伍的要求，也在情感和价值观层面提出了更深层次的要求[②]，是新时代"三农"工作队伍建设的方向指引。

1. 懂农业：能力要求

懂农业，就是要成为现代农业的引领人，这是实施乡村振兴的基础要求。懂农业，是对"三农"工作队伍的能力要求，从事农业农村服务要对农业发展有所认知，要掌握基本的现代农业专业知识和技能，有一定的理论水平与实践经验，并能采用有效的方式促进农业发展，贯彻落实乡村振

[①] 新华社. 中共中央国务院关于实施乡村振兴战略的意见[J]. 农村经营管理，2018（2）：6-15.

[②] 王学男. 科学培养"三农"工作队伍助推乡村振兴[J]. 教育研究，2018，39（7）：92-94.

兴战略中关于农业发展的各项方针，成为推动农业发展的主力军。

2. 爱农村：价值观要求

爱农村，就是要热爱农村，增强农村归属感，做乡村发展的建设者。乡村振兴涉及农村产业发展、生态治理、教育文化等多层次，覆盖面较广，因而必须要突出对农村的"爱"，"三农"工作队伍只有爱农村才能真正融入和认同乡村本土文化和社会，才能真正扎根农村，为农村建设做贡献。"三农"工作队伍要将"爱农村"这一思想内化于心，外化于行，真正将发展农村、建设农村化为自身责任和使命，增强发展和建设农村的主动意识。

3. 爱农民：情感要求

爱农民，就是要尊重农民意愿，多从农民立场思考问题，为农民谋幸福。"三农"工作队伍作为在农村工作的一线工作者，是接触农民最为密切的工作队伍。爱农民，就是要求"三农"工作队伍要尊重广大农民的主体地位，多从农民的角度考虑问题，将农民的利益放在首位，为农民想办法、找出路，不断激发广大农民积极性、主动性和创造性。

"三农"工作队伍就是以推进和落实乡村振兴战略为目标，具备一定的专业知识和技能，服务于乡村综合发展建设，开展涉农事务、从事涉农工作、提供涉农需求的工作队伍。

（二）"三农"工作队伍的主要特征

1. 队伍来源的多元性

我国"三农"发展的多样性决定了"三农"工作队伍来源的多元性，为满足"三农"发展的各种需求，就需要汇聚各类涉农人力资源，共同服务于我国"三农"发展的需要，满足推进乡村振兴的人才需求。"三农"工作队伍既包含了本土成长起来的各类实用型、科技型人才，也包含了为"三农"提供各种服务的政府和社会工作队伍，体现了"三农"工作队伍发展的开放包容性。

2. 服务内容的综合性

"三农"工作队伍不同于某一农村专门人才，其是服务于"三农"综合发展的，是为乡村振兴战略中所提出的政治、经济、文化、社会、生态五位一体综合目标而服务的,而不是为"某一农""某一目标"发展服务的,这就要求了必须要注重"三农"工作队伍培养的综合性,使其能真正担当得起服务于乡村振兴整体事业的任务。

3. 组织结构的系统性

"三农"工作队伍来源的多元性决定了其组织结构的系统性,"三农"工作队伍组织的系统性就是指"三农"工作队伍的各个部分都有明确的层次定位,需要各个工作队伍的密切配合,体现了"三农"工作队伍内部的组织性,各层次队伍的有效结合构成了整体的"三农"工作队伍。"三农"工作队伍组织结构的系统性决定了"三农"工作队伍的建设要注重体系化发展,注重提高"三农"工作队伍的组织凝聚力。

(三)"三农"工作队伍的分类

1. 党政工作队伍

党政工作队伍是指中国共产党领导下的基层农村党政工作队伍,主要是指在基层涉农部门、基层乡镇、农村"两委"的工作人员,其中农村"两委"作为党一线工作队伍,是党政工作队伍的最主要组成部分。党政工作队伍主要为具体领导乡村振兴的各项工作,贯彻落实好党的各项"三农"政策,为"三农"发展提供各种公共服务,并担当着培养和建设"三农"工作队伍提供服务的职能,在乡村振兴事业中主要起到领导性作用。

2. 本土农民工作队伍

本土农民工作队伍是来源于本土农民,服务于"三农"发展的各类农村人才队伍,主要由新型职业农民和农村科技型、管理型、实用型等技术人才组成,他们分散在我国广大农村农民协会、合作社之中,大都生活工作在农村,且有一技之长,以个人或组织为单位,其最大的优势就是与广大农民距离近,且数量庞大,是既"懂农"也"爱农"的工作队伍,可以作为广大小农户与党政工作队伍和社会服务工作队伍的枢纽,在推进乡村振兴事业中发挥着基础性的作用。

3. 社会服务工作队伍

社会服务工作队伍是指除了党政工作队伍和本土农民工作队伍以外的提供涉农服务的工作队伍,主要包含农村合作社、涉农企业、乡镇社会服务中心等组织的工作人员，其来源比较分散，但是专业性、职业性比较强，大多从事对农村、农业、农民的专业性服务。在乡村振兴战略实施过程中，社会服务工作队伍必将有广阔的发展空间，其不仅有利于激活农村各类资源要素，推动农村发展，还有利于以自身为平台，发挥培育农村各类人才的作用。

二、"三农"工作队伍的供需分析

（一）"三农"工作队伍的供给分析

1. 政府组织供给

政府组织供给是指政府直接或间接引进、培育、管理"三农"工作队伍的形式。改革开放以来我国中央政府围绕"三农"工作开展了大量的工作部署，对农村人才培养实施了多次专项计划，比如农村科技人才、家庭农场主、新型职业农民等农村人才培养工程，以大学生村干部为主的形式向农村输送了大量人才，从中央政府政策部署到基层政府的具体实施，在这一过程中政府都在培育建设"三农"工作队伍中发挥了主导性作用，而且在今后，各级政府依然是培育建设"三农"工作队伍的主导者，为推进乡村振兴战略实施发挥引领作用。

2. 本土自然成长

所谓本土自然成长就是指在长期的农村生活、工作实践成长起来的"三农"工作队伍，其更多的是从事农业或提供农业服务的"乡土人才"，其人才来源包含农村科技人才、农场主、农村企业家、职业农民等，其专业技能主要通过家庭代际传承和自我学习形成。由于农村乡土人才对本地环境资源、生产经验、风土人情比较熟悉，实践经验丰富，在长期的农村生活实践和家庭式的代际传承下，乡土人才成为目前"三农"工作队伍建设的主要来源，是推进当前乡村振兴发展的主力军。

3. 社会组织培育

我国早在2005年的"中央一号"文件中就明确指出了要鼓励、引导和支持发展农村各类社会化组织、鼓励社会各界力量参与农技推广等服务，并加大了涉农院校建设的力度,涉农社会组织和院校的发展壮大为培养各类涉农人才发挥了重要的作用。其中农业合作社、地方农业院校、科研院所作为社会组织,不仅在农村建设中提供了各类服务,也利用其独特资源使其在向农村培养和输送高水平的"三农"人才中扮演着重要角色,在服务"三农"工作队伍培育上具有得天独厚的优势。

(二)"三农"工作队伍的需求分析

1. 实施乡村振兴战略的关键

当前随着乡村振兴战略的推进不断深入,产业兴旺、乡村基层治理、现代农业发展、乡村文明建设、生态宜居等作为乡村振兴战略的重要部署,在新时代有了更高的要求,而做好这一系列工作,必须要靠人,为此必须要培养建设一支高素质、多层次的"三农"工作队伍,并在推进乡村振兴过程中切实发挥其驱动作用。在推进乡村振兴过程中乡村的各项工作开展和落实都离不开"三农"工作队伍的引导与参与,"三农"工作队伍建设不仅事关中国未来农业发展后备军的问题,更是事关乡村振兴战略实现的问题,缺乏人的支持,乡村振兴则成为空谈。因此,"三农"工作队伍的培养与建设已成为实施乡村振兴战略的关键。

2. 回应新时代社会主要矛盾变化的现实需求

党的十九大报告明确指出中国特色社会主义进入了新时代,人民日益增长的美好生活需要和不平衡不充分的发展之间的矛盾成为新时代我国社会面临的主要矛盾。[①]社会的主要矛盾也决定了我国的未来发展方向,要增进民生,缓解社会发展的不平衡和不充分,而不平衡不充分的矛盾主要表现是城乡发展的巨大差距,主要指农村农业的相对落后、广大农民的相对贫困,这成为当前亟须解决的矛盾。人力资源管理理论强调,人才是推动经济发展的核心力量,加强"三农"工作队伍培养建设有利于夯实乡村振兴的人才支撑,推动农村经济发展,实现农民富裕;有利于缓解这种不平衡不充分的现状,进一步缩小城乡发展差距,回应新时代我国社会主要矛盾的变化。

---

① 颜晓峰. 我国社会主要矛盾变化的重大意义[J]. 理论导报,2018(1):16-18.

综上，通过对我国"三农"工作队伍供需态势的分析发现，当前我国存在"三农"工作队伍建设的多层次需求与"三农"工作队伍层次不高、结构不优的矛盾。

三、乡村振兴背景下"三农"工作队伍建设的重点

要做好"三农"工作队伍建设，需要从农村基层党组织建设等四方面开展人才建设，在扎实推进基层党组织建设的同时，要不断提高村民自治组织建设、新型职业农民建设及农业科技人才队伍建设，只有夯实人才建设基础，才能推动"三农"工作队伍人才建设落实落地。

（一）农村基层党组织建设

农村基层党组织是推动农村改革、乡村治理、产业发展等重大任务落实中党直接联系群众的枢纽，是推进乡村振兴战略的关键。村党组织书记、村委会主任、乡镇领导干部是乡村发展的带头人，直接关系乡村振兴战略实施效果，因此选优配强党组织带头人在农村基层党组织建设中至关重要。

（二）村民自治组织建设

村民自治在我国是一项基本政治制度，在此制度的运行过程中，应当对村级各类农村自治组织中的人才加以选拔，并实现对此类人才的扶持。建设人才队伍时，需要以公开公正的方式对村民依赖的村委人员进行选举，其选举标准除具备村民依赖外，也应当具备公正正直的品质与令人信服的能力，将群众的思想、行动、力量凝聚起来，为乡村振兴战略的实施贡献智慧力量。

（三）农村专业与科技人才队伍建设

涉农领域人才与科技人才主要由乡村教师与乡村医生、农业服务经营人员、农业科技人员、互联网人才等各类人才组成，其中乡村教师与乡村医生对于农村公共服务的提供与农村民生问题的解决都起到了极为重要的作用，而农村公共服务与农村民生问题正是农村发展建设的基础。与此同时，"互联网+"也能够将农村与外界进行有效连接，使农村建设中较为关键的地域

问题得以突破，从而有效推进农村物流与农村产品经济的发展，为增加农民收入提供新途径。在农业现代化已取得长足发展的现阶段，科技兴农理念越来越深入人心，获得了更为广泛的认可。在乡村振兴战略背景下，人们要有效识别并选用专业、科学、精准的农村科技人才，抓住农村改革、产业发展的良好机遇，为促进乡村振兴、人才振兴提供支撑保障。

（四）新型职业农民建设

立足我国农村发展实际，作为基本单元的小农户在未来较长时间里仍是家庭承包经营中的主要经营模式，完善基础设施建设，就要对小农户加以扶持，使其更有能力投入现代农业的发展进程中。使小农户与现代农业实现有机结合，可将小农户进行连接，以成立农业生产合作社，并以此为基础，对新型职业农民加大培育力度。例如可实施种粮大户或家庭农场主等新形式的经营主体，使农民在农村建设中的主体地位得以有效发挥，农民的内在潜力得以有效激发，从而为农业与农村发展奠定良好基础。

除此之外，服务"三农"工作的涉农领域志愿者、社会各界"爱农""兴农"人士与涉农企业管理者及相关人员都应予以充分重视，将各方人才与各方力量进行汇集，从而为实施乡村振兴战略贡献力量。

四、基于乡村振兴背景的"三农"工作队伍建设路径

（一）培育农村基层党组织

在加强建设基层党组织的进程中，首先要不断夯实基层党组织标准化建设，使农村带头人的队伍得以有效优化。尤其对村党支部书记需要实施选优配强策略，同时对选派第一书记长效机制加以健全。与此同时也应充分考虑农村优秀青年队伍与经历过急难险重考验的青年队伍，优中选优择取部分优秀人士作为发展对象，壮大农村党组织力量，为储备农村基层党员提供强而有力的基础。新时代乡村振兴战略实施过程中，基层工作需要面临更大的挑战，因此对农村基层党组织的人才选拔尤为重要，对于基层党组织队伍中现存的队伍老化与素质不高的问题，应当着力进行解决，以提升基层党组织人才队伍的实力，使其更好地引领乡

村振兴。

（二）建立健全村民自治组织

在乡村振兴战略实施进程中，村民委员会是基层群众性自治组织，因其具备村民自我管理、自我教育、自我服务效能，因此建立健全村民自治机制是不可或缺的基础工作。在此环节中，需要对村务监督委员会进行优先健全，使村级事务阳光工程得以顺利推行。在此基础上，对于村民所起到的监督作用应当充分重视，广泛听取村民的意见与建议，以使乡村治理工作得以不断进步。与此同时，对于村规民约与村民自治章程也应当加以完善，使农民能够实现自己"说事"，自己"议事"，从而自己"主事"。在此环节中，也需要对乡贤加以重视，使其在村民自治组织的建设过程中充分发挥作用，使乡村治理的重心有效下移，真正将资源与服务、管理等内容落实到基层。

（三）推动人才向乡村流动

在城市化进程的推进下，农村大量人才涌入城市，使农村人才出现了大量流失的情况，为应对这一问题，促进人才向乡村流动策略需要立刻提上日程，以使乡村振兴注入新的活力。

加快引导人才向乡村流动，以人才振兴为乡村振兴战略实施提供智力支撑及技术指导。有关部门应当落实扶持政策，充分利用"双回双创""三乡工程"等农村改革政策平台吸引返乡人员创新创业，使各类人才在返乡创业过程中遇到的融资问题与用地问题都能得到有效解决，以此推动乡村人才多层次流动。此外，对城乡人才交流合作机制也应加以完善，使城市中的科教文卫人才能够定期进入农村实施服务，其服务可用轮岗或支教等形式，使城乡之间实现人才有效交流与合作。积极探索创新欠发达地区岗位编制、职称评审等制度，优先考虑农村偏远地区的教师、基层医务人员及农技推广人员，使其真正体会到自身付出能够有所回报，从而提升其工作积极性，把人才留在农村。同时注重人才服务平台建设，拓宽渠道，加强人才培训和精准培育，提高"三农"工作队伍人员的受教育水平和能力素质，培育法律思维，树立前瞻意识，形成社会责任意识，从而有效提升农村工作队伍的整体素质。总之，对政策激励进行强化的同时，也不能忽视物质方面的奖励与精神层面的鼓励，从各方面入手，不断完善农村基层人才吸纳机制，真正留住在基层中扎根与示范带动作用较强的新型职业农民，使农村基层人才队伍的稳定性得到有效保障，最大限度地将农业知识转化为生产力。

综上所述，人才是实施乡村振兴战略的关键因素，培育"三农"工作队伍是助推农业高质量发展的必要举措。我国目前正处于乡村振兴战略的开创阶段，各方面工作尚不完善，现代农业生产经营先进理念也缺乏一定的完整度，因此，迫切需要相关工作人员在培育"三农"工作队伍过程中不断总结经验，以使"三农"队伍早日完善，从而为乡村振兴战略提供有力的人才保障。

第二节　农村科技人才开发

一、农村科技人才的基本内容

（一）科技人才与农村科技人才

科技人才是指具有一定的专业知识或专门技能，从事创造性科学技术活动，并对科学技术事业及经济社会发展做出贡献的劳动者。其主要包括从事科学研究、工程设计与技术开发、科学技术服务、科学技术管理、科学技术普及等工作的科技活动人员。科技人才是国家人才资源的重要组成部分，是科技创新的关键因素，是推动国家经济社会发展的重要力量。科技人才内涵伴随国家科技发展水平的变化而变化。

张国初从定量的角度将科技人才定义为："大专及以上学历的劳动者，或者虽然不具备大专及以上学历，但从事科技相关职业、具有中级及以上职称的劳动者、建设者，包括达到相当高级别的技师、技术员和技术工人，或在文化、艺术、体育或其他领域具有相当中级职称及以上水平的特殊较高技能的人员。"①

农村科技人才主要包括从事农业生产的农村实用科技人才，从事农业科技推广的人才，进行农业科研的研究型人才，以及进行农业科技管理的经营管理人才。从科研到推广、生产、管理，这一系列的人才构成了整个农村科技人才体系，为农村科技水平的提升、农村经济的发展发挥重要作用。

（二）农村科技人才的主要类型

1. 农业科技推广人才

农业科技推广人才是各级农业科技推广机构中从事专业的农业技术推广的人才，是农业科技成果和农业生产的桥梁。农业科研成果要转化为实际生产力，就需要农民将科技运用于生产中，而技术的获得，必须靠农业技术推广人员。可以说，农业技术推广人员是农村科技人才的关键部分，是实施科教兴农战略的重要载体。因此，要充分发挥技术推广的效果，必须有一套完善的技术推广体系作为支撑，要有实力雄厚的专业性农业技术推广人才队伍。

农业科技推广人才一般分布在省级以下研究所、技术服务中心、技术推广站。农村科技人才能够将科技潜能转化为现实生产力，在科技转化过程中发挥着重要作用。因此，对农业科技推广人才的素质要求较高，一般要求具有较高的知识技能、整合效能好，在农业科学和技术研发、推广和应用等领域有潜力做出和正在积极做出贡献。当前我国的科技推广人才要求具有大专及以上学历或者相当于大专及以上学历。从发展趋势看，农业科技推广人才的学历要求将会不断提高。

农业科技推广人才是我国农村经济发展的急需紧缺人才，是发展现代农业和扎实推进社会主义新农村建设的关键。然而，就我国当前农业科技推广人才现状来看，还不理想。我国农业科技推广人才总量不足、学历偏低、年龄老化等现象比较严重。"十五"以来，研究生培养单位为各行各业培养了大批包括农业科技人才的高层次人才，但是他们中大部分进入了省、市级科研部门、教学单位，真正进入基层的较少。

---

① 张国初. 关于科技人才、高技能人才相关内涵的探讨[J]. 北京观察，2008（2）：42–45.

2. 农业科研人才

农业科研人才是指经过专业培养或专门训练，具有一定的农业专业知识和较强技能，主要从事农业科学基础理论研究、应用研究及技术创新研究方面的专门人才。这类人才主要集中在国家涉农科研机构、中国科学院涉农院系、农业院校和涉农大学、省级农林水产科研院所、地市级农业科研院所，他们是农业科技创新的主力军，一般都具有大学本科及以上学历或相当于大学本科及以上学历。

在农业人才资源中，农业科研人才起着基础、支撑和引领的作用，如果没有农业科研人才对农业科研成果的研发，就谈不上农业科研成果的推广和应用。农业科研是探求农业生物与农业自然环境关系的创造性工作，需要由具有一定知识和创造能力的人去设计、构思、操作、推理、总结、提炼。因此，农业科研人才对农业科学技术的研究及其研究产生的农业科研成果，推动了农业科技的发展和农业的进步。

随着农业科研工作的不断深入和新的农业科研体制的运行，农业科研人才的重要性日益凸显。改革开放以来，我国各级党委政府对农业科研人才资源的开发利用都很重视，社会上尊重知识、尊重人才蔚然成风。但由于多方面原因的制约，仍然存在着一些不容忽视的问题。综合梁兴英教授及其他学者的观点，可以将其概括为四个方面：人才资源总量不足、流失现象严重、高层次人才匮乏、队伍结构不够合理等。

3. 农村经营管理人才

农村经营管理人才是指具有一定经营管理知识或经验、在农村从事经营管理工作的人才，包括农业企业经营管理人才、乡镇事业单位经营管理人才、农业协会与专业合作社的经营管理人才等。农业科技管理的经营管理人才是在农业科研机构中专门从事经营管理工作的人才。随着新农村建设的推进，尤其是农村工业化、城镇化进程的不断加快，农业产业结构的不断调整，科学技术的不断进步，迫切需要一大批与之相适应的农村经营管理人才。对这些经营管理人才，不仅要求他们掌握农村企业管理、营销等方面的知识，而且要有较好的实际工作能力和实践经验，同时更要懂得外贸知识和国际通行的准则，以适应日益激烈的国际竞争的需要。

4. 农村两栖实用科技人才

农村两栖实用科技人才是指既能在新农村从事农业产业又能在城镇从事非农产业生产活动的农村实用科技人才。从两栖实用科技人才的特征可以帮助人们对这个概念进行更好的理解。

（1）实用性。新农村两栖实用科技人才作为农村劳动者，他们所掌握的科学技术主要适用于农业产业和城乡中第二、三产业的相关领域，他们一般经过系统的学历教育，具有一定的理论知识和技能，掌握的科技知识具有一定的专业性、实用性，又具有科技性。而一般的实用人才是在某一领域或某一方面具有一定的专长，大多属于经验型、实践型、技能型人才，一般接受的系统教育较少。

（2）创造性。新农村两栖实用科技人才在技术运用过程中通过对客观事物的基本规律的把握，能主动地探索实用科学技术在其他领域运用的方式，并能对技术进行相应改进以适应技术使用的新环境和新条件，在实现实用科学技术的扩散中往往能创造性地产生新的实用科学技术，从而获得新的科技知识。而一般实用人才主要关注技术的正确使用，对技术的创新，意识和能力相对不足，只通过选择自己掌握的技术在其他领域的运用实现技术的扩散。

（3）区域性。由于新农村两栖实用科技人才长期从事农业生产和在农村生活，所以在对农村两栖实用科技人才培养的方式、内容等方面带有明显的区域性。农村两栖实用科技人才属于人力资源，相比自然资源它具有明显的增值性。随着农村两栖实用科技人才不断地获得知识、经验、技能，不像其他自然资源那样具有一次性增值，而是能实现持续增值。

（4）两栖流动性。新农村两栖实用科技人才是广泛活跃在广大农村，是基层一线的农村劳动者，能够对生活区域的经济和社会发展做出较大贡献，并能够对其他农村劳动者起到示范和带动作用。其不仅能从事农业产业，还能从事城乡中的二、三产业，具有两栖性。因为出生在农村，扎根在农村，从事二、三产业只能是临时的、季节性的，这就注定在城乡之间往返流动，具有流动性。

两栖实用科技人才是新农村建设的产物，并且随着城市化进程的推进，大量的农村剩余劳动力向城市转移，两栖实用人才更能满足城乡发展的需要。一方面，随着农村劳动生产率的提高以及耕地面积的减小，农村容纳不了这么多劳动力，而城市发展也需要用工。农民进城当工人，是符合历史规律的。发达国家的城市化、现代化进程都是绝大部分农民转变成工人、市民的过程。农村富余劳动力向非农产业和城镇转移，是工业化和现代化的必然趋势。另一方面，既能在新农村从事农业产业又能在城镇从事非农产业生产活动的农村实用科技人才可以更好地在城乡生存，更好地实现自己的价值。

（三）农村科技人才的基本特征

1. 扩展性

农村科技人才在新的历史时期其含义覆盖是多类型的。农村科技人才包括从事农业生产的实用型人才、从事农业科技推广的人才、农业科研人才、农业经营管理人才，以及在新农村建设时期出现的两栖实用科技人才。农村科技人才的类型将随着农村发展的需要而扩张或改变。

2. 高价值性

农村科技人才是农村经济发展的重要支撑。科技人才对农村经济的发展具有极大的带动作用，在当前农村经济发展相对落后的情况下，更需要有大量的致力于科技研发、科技推广、科技经营管理、科技服务人才的大量存在。农村科技人才在各自领域的研发、推广和管理服务活动必将给农村带来新颖的科技力量，具有极大社会价值。

3. 创新性

农业和农村的发展从根本上依赖科技的发展，科技的普及则需要农村科技人才。农村科技人才的知识储备、智力投入、开发研究，对于农村建设、农业科技成果转化都有着不可替代的作用。农村科技人才的开放性、创新性、持续性决定了新农村、新农业发展的创新性。

二、农村科技人才开发的重要意义

1. 农村科技人才是发展农业的根本

乡村振兴战略背景下需要建立健全现代化农业生产体系，保证农村经济稳定发展，由专业的农业科技人才来负责推广科学技术。在乡村振兴的发展中需要注重农村科技人才的培养和引进，这是因为在当前农业现代化的发展中需要有人才作为支点。在建设现代化农业的过程中可以引进自动化和人工智能等现代化技术，促进智慧农业和大数据农业的发展，通过培养科技人才充分发挥科学技术的作用，进一步实现农村地区高质量发展。[①]

2. 科技人才能够推动乡村振兴战略

在乡村振兴战略背景下培养农村科技人才是为了通过科技人才来推动乡村振兴战略的发展，实现科技强农的目标。首先，需要宣传绿色的发展理念，注重农村生态环境的保护。中国国土广阔，具有丰富的农业资源，在我国经济的发展中农业占据重要地位。但是自改革开放以来，工业的飞速发展致使大部分的农村人口选择到城市寻找出路，而剩下的农村人口由于综合素质不高，环境保护理念不强，导致农村土壤、水、大气等受到严重污染。随着农业科技人才的引入，村民逐渐意识到环境保护的作用和重要性，他们逐渐注重环保理念，创造美好的农村生活。

其次，实现乡村振兴的目标，需要将农村产业的发展模式进行创新升级，从传统的小农经济耕作模式向机械化、信息化、自动化的农业生产模式发展。农村科技人才可以因地制宜地引入现代化的农业技术，改变农业的发展模式，促进农业现代化发展。

最后，培养职业农民，提升农民收入。由于在过去的农业生产中使用的是小农经济耕作模式，农民对于现代化的农业生产技术并不了解，农业发展较为缓慢。传统的农业生产方式容易受各种因素的影响，农民经济收入不稳定。而随着生产条件的改善，农村科技人才的培养和引入，可以对农民开展专业的教育培训，创建一支高素质的农业生产经营队伍，实现农业增收。

---

① 克琴. 乡村振兴战略下农村科技人才培养路径研究[J]. 产业科技创新，2020，2（17）：84-86.

三、乡村振兴背景下农村科技人才开发的途径

（一）加强本土农业科技人才的培养

想要农村科技人员在农村建设中发挥更大实效，就要切实落实本土农业科技人员的培养工作。一方面要从农村生产中的主要力量——基层农民入手，通过理论技能培训和经验分享的活动开展，培养农民的专业水平，使其逐步掌握农村生产工作中的理论知识和实用技能，培养其现代化农业发展意识，从而从根本上为农村生产进步和乡村振兴战略推进打下基础。另一方面要鼓励本土年轻力量学习农业生产的相关知识，接受教育后成为高质量的农业科技人才并投身于家乡建设，利用其自身较强的专业素养和学习能力帮助农民掌握新型农业作业设备的应用，做农民具体生产中的指导顾问，带领农民学习新技能新手段，推广现代化农业技术应用，研发优质农作物品种，实现当地农业发展水平的提升。

（二）合理调整农村科技人才队伍结构分布

为改善农村科技人才队伍结构分布不合理的问题，有关部门要努力发掘和引进专业方向相匹配、学习适应能力强的农业科技人才，并组织其尽快地投入农村建设。同时要避免农业科技人员空有理论而不注重实践的问题，科技人员不仅要掌握专业的理论知识，更要走入实际的农村生产作业现场，根据当地实际问题的特殊性提出适宜的处理对策。同时，也要注意针对农业科技人员开展进一步的培训管理，围绕当地农业生产的实际状况建立相应的科研小组，使得农村科技人员能够继续进行科学研究，更好地为农村建设和乡村振兴服务。

（三）逐步完善农村科技人才激励机制

为进一步保证农村科技人才发挥重要作用，相关部门要重视农业科技人才的激励体系和制度保障，完善农村科技人才"选、用、育、留"的具体制度。政府首先要加大在农村科技人才培养方面的资金支持力度和政策保护，吸引年轻的、经验丰富的科技人员走进农村建设。同时，利用专业培训、外出交流学习等活动的开展，进一步提升农村科技人员的专业水平。其次，要落实和完善激励机制和回流机制的奖励条例，对于积极回到

农村开展建设的人员进行一定的奖励以示鼓励，从而提升农村科技人才的建设热情和积极性，保证农村科技人才团队的优化升级。

第三节　农村创业人才开发

一、农村创业人才的主要类型

（一）创业型职业农民

创业型职业农民是来源于农村的生产经营者，他们将农业作为生产经营的对象，并充分利用市场规律来获取利益、实现利润最大化。他们来源于传统农民，但又比传统农民略胜一筹。创业型职业农民具有以下几个特点。

1. 具有一定的知识和技能

创业型职业农民掌握一定的农业基础知识和组织管理技能，思想意识比较超前，有较强的创新意识，能够独立完成农业生产经营活动。

2. 具有丰富的实践经验

他们生于农村，长于农村，熟悉在农村创业的大环境。从初涉农业及农产品经营，到经过多年的摸索形成初具规模的农村产业链，在各个领域积累了一些经验和技术。

3. 具有示范和带头作用

创业型职业农民思想解放，思想意识比较超前，易于接受新技术、新产品、新信息等新生事物，也了解市场供求关系的基本原理，能够亲身实践。

他们通过"先富带动后富"，不仅自己发家致富，也吸纳了更多村民参与到创业活动中来，创造了更多价值和财富，带动了更多村民走向共同富裕，有利于当地经济的协调发展。创业型职业农民已经成为农村创业活动中的中坚力量，是带领农民增收创收的领头羊。他们的农业经营实践在示范农业技术、引导农业产业结构调整、推进农业产业化与农村城镇化中起着先导性、示范性的作用。创业型职业农民的成长和壮大，不仅推动了第一产业的创新和发展，也为第二、第三产业在农村的迅速崛起奠定了基础。

（二）返乡创业人才

返乡创业人才主要指从农村走出去的，经过多年在城市打拼积累了一定的资金、技术、经验和先进的理念，而后自愿返乡创业的人员。他们回乡创业，不仅能够带回资金、先进技术、先进管理办法，而且可以吸纳大量的当地富余劳动力，促进当地经济社会和谐发展。这些返乡创业者呈现出以下几个特点。

1. 具有敢闯敢干的个性

通过多年在外地打拼磨炼，他们形成了勇于拼搏的精神和先进的生产经营理念，有利于带动当地农民转变思想观念。

2. 有一定的资金积累

在城市打工多年，积累了一定的资本，他们返乡的同时，也把大量的资金带回农村，为农村创业提供了原始的资金基础，为在农村发展带来了良好的机遇。

3. 眼界开阔，带回了先进的生产理念

他们在外务工掌握了一定的技能和知识，把这些新技能运用到农村创业中，带动了生产力水平的提高。

4. 带动了当地劳动力就地转移

返乡农民工在农村创办企业，为当地农民创造了就业机会，开拓了农民的增收渠道，有利于就地安置无业农民和就地转移农村劳动力。

5. 推动了城乡一体化发展的进程

返乡农民工的流向多为交通便利的城镇和村落，带动了这些地区人口、资本的聚集，实现了资源的有效整合，缩小了城乡差距，有利于推动城乡一体化发展。

（三）农科类大学生

农科类大学生主要指在大学经过系统的学习之后，掌握了专业的农科知识，能够学以致用，欲返乡把学到的理论知识运用到实践中去的大学毕业生。相对于城市而言，农村市场发展不完善，市场机会较多，而且农村创业的竞争压力相对较小，土地价格和劳动力价格较低。优越的外部条件加上大学生本身具备的专业素质，都为其在农村创业提供了广阔的发展空间。这些农科类大学生呈现出以下几个特点。

1. 难以选择合适的创业项目

由于缺乏实践经验,很多大学生只能凭借理论知识产生模糊的创业想法,但往往这些想法不够具体,缺乏实践上的可行性。加上对市场的预测过于乐观以及缺乏对市场的调研,让大学生很难找到合适的创业项目。

2. 面临诸多创业风险

农科类大学生受年龄和阅历的局限,缺乏社会经验和识别风险、规避风险的能力,对于可能遭遇到的风险也缺乏必要的心理准备,而这些将直接影响创业的成败。

3. 国家政策支持为其发展提供了广阔空间

近年来,在全国范围内选聘优秀大学生到村任职的计划,也为新农村建设提供了充足的人才储备。农村广阔的发展空间,有利于大学生迅速成长。到村任职的大学生在农村基层就业、创业的实践中不断积累经验,提高了自身解决问题的能力,政府对这部分人群的扶持也推动着农村创业进程的发展。

二、乡村振兴背景下农村人才创业的机会分析

(一)农村产业发展类创业

产业兴旺是乡村振兴的基础,只有发展合适的产业项目,才能实现农村财富积累、汇聚人气、实现发展。在发展农村产业过程中,首要任务是要结合各地乡村资源禀赋,按照市场有需求、要素有保障、生态不破坏的要求大力发展绿色农业、生态农业、循环农业项目,运用先进科学技术、工业装备和管理理念,协调提高传统农业的综合经济效益、生态效益,加快农业与二、三产业的深度融合,形成农业发展的新模式、新业态,如绿色农林牧渔类产品种养殖创业、生态农庄创业等。

(二)新农村基础设施建设类创业

乡村振兴背景下,无论是农村基础设施,还是居民住宅都需要进行建设与升级改造,特别是在农村教育、医疗卫生、环境、农村能源、水利、交

通基础设施等六个方面,当前与城市差距还比较大。此外,随着居民收入增加,农村居民新建改善住宅的需求也会不断增加,居住舒适、节能环保、独具特色的农村住宅建设将受青睐,如近几年兴起的农村预制别墅定制项目。

(三)农业生产性服务类创业

乡村振兴战略下,工业化、集约化、智能化将成为农业生产发展的趋势,在这一过程中,发展高效配套的农业生产性服务业将是推动农业转型升级的基础,其既是农业产业升级过程中产业分工合作向精细化发展的必然,也是农业产业科技创新的必然。可实现创业的领域包括现代农业装备销售及维保服务类创业、现代农产品贸易流通创业(如农产品电商)、现代农业科技服务类创业(如土壤检测、农产品病虫害绿色治理等)、现代农业信息服务、现代农业金融服务等。

(四)农村文化旅游类创业

乡村振兴过程中,一方面,发展乡村旅游、农业观光旅游项目有利于吸引城市游客来乡村游玩,带动当地的吃、住、游、娱、购等行业发展,可结合农村旅游资源条件开展乡村旅游类项目创业;另一方面,随着农村居民收入增加,农村居民的文化消费需求不断增强,特别是在教育、娱乐、休闲等方面将出现更大需求。可结合以上两方面开展农村文化产品类创业,如建设农家乐项目、举办农村幼儿园项目等。

(五)农村生活服务消费类创业

乡村振兴过程中,农村居民的购买力将不断增加,势必会带动农村居民的消费升级,在这一过程中,围绕农民消费渠道的建设将出现大量的创业机会,如在生活服务类领域,提供理发、废旧物资回收、维修、信息咨询、网购代发代收等服务,在人口比较密集的乡镇中餐饮、洗浴、文化等服务领域均会衍生出大量的创业机会。

参考文献

［1］白宇．我国农村人力资源开发的现状、问题及对策［J］．乡村科技，2018（17）．

［2］卜小伟．欧美国家乡村旅游特征［J］．当代旅游，2019（11）．

［3］蔡小东．乡村振兴战略下的农村人力资本开发研究［J］．农村经济与科技，2020，31（7）．

［4］曹明贵，梅士建，蒋国平，等．农村人力资源开发与人力资本流动研究［M］．北京：经济科学出版社，2006．

［5］曹贤信，何远健，左群．农村基层治理法治化的理论与实践［M］．南昌：江西高校出版社，2018．

［6］巢小丽．沿海发达地区农村妇女人力资源开发研究［M］．杭州：浙江大学出版社，2013．

［7］陈晨，何礼平，王美燕．乡村振兴背景下浙江茶乡主题民宿的发展研究［J］．福建茶叶，2022，44（2）．

［8］陈夫豹，王芳．农村创新创业人才现状思考［J］．合作经济与科技，2021（24）．

［9］陈建强．新时期"三农"工作队伍建设策略研究［J］．中外企业家，2019（7）．

［10］陈俊红．北京推进实施乡村振兴战略的对策研究［M］．北京：中国经济出版社，2019．

［11］陈敏吉．乡村振兴战略下农村科技人才培养路径研究［J］．大众投资指南，2020（15）．

［12］陈妮．新媒体时代背景下乡村旅游企业营销策略研究［J］．上

海商业，2021，（10）.

［13］陈秋华，纪金雄，等. 乡村旅游规划理论与实践［M］. 北京：中国旅游出版社，2014.

［14］陈瑞萍. 美丽乡村与乡村旅游资源开发［M］. 北京：航空工业出版社，2019.

［15］陈育钦. 社会主义新农村建设的若干问题思考［M］. 北京：中国商务出版社，2008.

［16］谌静. 乡村振兴战略背景下的乡村旅游发展研究［M］. 北京：新华出版社，2019.

［17］戴炳业，刘慧，李敬锁. 中国农业农村现代化探索与实践研究［M］. 北京：科学技术文献出版社，2019.

［18］丁爱萍. 物联网导论［M］. 西安：西安电子科技大学出版社，2017.

［19］冯涛. 乡村振兴战略背景下大学生农村创业资源开发措施探讨［J］. 人才资源开发，2019（9）.

［20］高启杰. 农业推广理论与实践（第2版）［M］. 北京：中国农业大学出版社，2018.

［21］龚原. 乡村振兴战略下农村"厕所革命"协同治理路径研究［J］. 乡村科技，2019（24）.

［22］苟文峰. 乡村振兴的理论、政策与实践研究［M］. 北京：中国经济出版社，2019.

［23］郭创乐. 乡村振兴战略背景下乡村旅游高质量发展研究［M］. 北京：中国原子能出版社，2020.

［24］郭江平，吴国珍. 新时代中国粮食安全研究［M］. 武汉：武汉大学出版社，2018.

［25］韩娟娟. 乡村旅游发展面临的困境与对策［J］. 乡村科技，2021，12（24）.

［26］侯二河. 进一步加强"三农"工作队伍建设［J］. 公民与法治，2018（16）.

［27］黄国勤．江西绿色农业［M］．北京：中国环境科学出版社，2012．

［28］黄雯．西部农村女性人力资源开发研究［M］．北京：经济科学出版社，2011．

［29］黄向阳．农村文化建设中的政府作用——以中部为例［M］．长沙：湖南师范大学出版社，2009．

［30］贾敬敦．农业农村现代化与科技创新重大问题研究［M］．北京：科学技术文献出版社，2019．

［31］焦必方．农村和农业经济学［M］．上海：立信会计出版社，2009．

［32］雷晚蓉．乡村旅游资源开发利用研究［M］．长沙：湖南大学出版社，2012．

［33］雷晓琴，谢红梅，范丽娟．旅游学导论［M］．北京：北京理工大学出版社，2018．

［34］李春燕．"十四五"期间乡村振兴战略下河北省农村人才队伍建设研究［J］．农村经济与科技，2021，32（4）．

［35］李广．新型职业农民参与乡村振兴绩效与路径研究［J］．菏泽学院学报，2020，42（4）．

［36］李广．新型职业农民引领乡村振兴的作用及路径［J］．天津中德应用技术大学学报，2019（4）．

［37］李红霞．乡村振兴战略背景下乡村旅游发展研究［J］．乡村科技，2018（11）．

［38］李景元，李群．乡村振兴战略规划实施路径探讨：基于特色小镇建设载体延伸运行操作指南［M］．北京：中国经济出版社，2018．

［39］李申奥，戚盈盈，陈迎香，等．农村生活污水的处理现状与前景［J］．魅力中国，2021（20）．

［40］李文政．农村人力资源开发目标构建的现实难题审视［J］．安徽农业科学杂志，2009（12）．

［41］李小红．中国农村治理方式的演变与创新［M］．北京：中央编

译出版社，2012.

［42］李真真．农村女性人力资源开发研究［J］．才智，2013（13）．

［43］李之凤．加强农村科技人才开发 促进新农村建设进程［J］．甘肃科技，2008，24（16）．

［44］林生，张栋洋．论乡村振兴战略下大学生农村创业［J］．农业经济，2021（11）．

［45］刘馥馨，王玉海．图解乡村振兴战略与旅游实践［M］．北京：旅游教育出版社，2018.

［46］刘汉成，夏亚华．乡村振兴战略的理论与实践［M］．北京：中国经济出版社，2019.

［47］刘华．我国农村人力资源开发的策略研究［J］．市场论坛，2008（5）．

［48］刘磊．农村金融改革与发展研究［M］．北京：中国财富出版社，2016.

［49］刘荣志，伍涛，黄圣男．农村创新创业人才特征及培育模式［J］．农村工作通讯，2021（7）．

［50］刘晓妍．吉林省乡村旅游的特征研究［J］．中外企业家，2019（13）．

［51］刘振奋．论乡村振兴战略背景下大学生农村创业能力提升对策［J］．科学大众，2020（2）．

［52］陆超．读懂乡村振兴［M］．上海：上海社会科学院出版社，2020.

［53］罗昆，邓远建，严立冬．新型职业农民创业理论与实务［M］．武汉：湖北科学技术出版社，2014.

［54］吕健．新农村建设与农村人力资源开发策略［J］．科技资讯，2021（36）．

［55］马建义．我国农村人力资源开发现状与对策分析［J］．人才资源开发，2016（10）．

［56］马晓龙．乡村振兴战略与乡村旅游发展［M］．北京：中国旅游出版社，2020．

［57］潘立军，刘喜梅．乡村振兴战略背景下大学生农村创业模式、路径与配套政策研究［J］．商展经济，2021（10）．

［58］彭飞龙，陆建锋，刘柱杰．新型职业农民素养标准与培育机制［M］．杭州：浙江大学出版社，2015．

［59］亓彩霞，曲琳琳．乡村旅游企业供应链营运资金管理［J］．合作经济与科技，2022（5）．

［60］齐亚华．乡村振兴战略下农村科技人才培养策略［J］．中文信息，2021（9）．

［61］秦秋红．农村女性人力资源教育开发对农村经济的贡献：以陕西省为例［J］．经济体制改革，2012（4）．

［62］邱春林．国外乡村振兴经验及其对中国乡村振兴战略实施的启示——以亚洲的韩国、日本为例［J］．天津行政学院学报，2019，21（1）．

［63］饶静．农村组织和乡村治理现代化［M］．北京：中国农业大学出版社，2019．

［64］任保平，吴振磊．陕西宏观经济发展报告２０２０：面向"十四五"时期的陕西宏观经济［M］．北京：中国经济出版社，2020．

［65］申文杰．我国农民利益保障制度及其现实政治分析［M］．石家庄：河北人民出版社，2012．

［66］帅明君．农村人力资源开发策略研究［J］．农村实用技术，2019（8）．

［67］司汉武，同春芬．传统与超越——中国农民与农村的现代化［M］．咸阳：西北农林科技大学出版社，2006．

［68］宋惠敏，刘蕾，孙红军．城乡一体化中农村科技人才发展研究［M］．石家庄：河北科学技术出版社，2013．

［69］宋美丽．中国东部地区农村人力资源开发研究［M］．北京：人民出版社，2013．

［70］孙葆春．乡村振兴视阈下农村社会信用体系建设研究［M］．长春：吉林人民出版社，2020．

［71］孙瞳，张小宝．吉林省农村女性在乡村振兴战略中的作用探索［J］．魅力中国，2021（24）．

［72］孙中兴，王剑．基于新基建的农业农村信息化管理体系建设［J］．农业工程，2021（4）．

［73］汤晓阳，张恒克．我国农村金融服务创新研究［J］．中国民商，2021（12）．

［74］唐鸣，赵鲲鹏，刘志鹏．中国古代乡村治理的基本模式及其历史变迁［J］．江汉论坛，2011（3）．

［75］唐小凤．实施乡村振兴战略背景下的中国农村经济发展研究［M］．北京：中国原子能出版社，2019．

［76］陶佩君．农村发展概论［M］．北京：中国农业出版社，2004．

［77］童宗红．农村女性人力资源退化的原因与对策［J］．城市学刊，2010（3）．

［78］汪小亚．农村金融改革重点领域和基本途径［M］．北京：中国金融出版社，2014．

［79］王诚．湖北农业支持政策执行评价与政策调整研究［M］．武汉：湖北人民出版社，2017．

［80］王丹宇．农村文化建设研究［M］．长沙：湖南大学出版社，2014．

［81］王金娜．河北省乡村旅游开发模式探究［J］．中国管理信息化，2014（13）．

［82］王立胜．中国农村现代化社会基础研究［M］．北京：人民出版社，2009．